刘东民 | 宋 爽 | 李远芳 | 李雪莲 等 | 著

人民币国际化
与中国金融安全

RMB INTERNATIONALIZATION
AND CHINA'S FINANCIAL SECURITY

¥
RMB

社会科学文献出版社
SOCIAL SCIENCES ACADEMIC PRESS (CHINA)

本书得到中国社会科学院创新工程项目"中国与全球金融稳定"以及"国际政治与金融安全智库"的联合资助。

本书作者

刘东民　宋　爽　李远芳
李雪莲　史　晨　杨　茜

目 录

第一章　金融安全：概念、视角、预设与分析框架⋯⋯⋯⋯ 001

第二章　人民币国际化对中国金融安全的影响：

　　　　政治与宏观经济视角⋯⋯⋯⋯⋯⋯⋯⋯⋯⋯⋯⋯ 006

　第一节　金融制裁⋯⋯⋯⋯⋯⋯⋯⋯⋯⋯⋯⋯⋯⋯⋯⋯ 006

　　一　金融制裁的方式与效果⋯⋯⋯⋯⋯⋯⋯⋯⋯⋯ 006

　　二　美国对金融制裁的运用⋯⋯⋯⋯⋯⋯⋯⋯⋯⋯ 008

　　三　人民币国际化对防范金融制裁、提升中国金融

　　　　安全的强大作用⋯⋯⋯⋯⋯⋯⋯⋯⋯⋯⋯⋯⋯ 023

　第二节　货币政策和宏观审慎监管效力⋯⋯⋯⋯⋯⋯⋯ 027

　　一　人民币国际化与资本账户开放度的提升⋯⋯⋯⋯ 027

　　二　资本账户开放度提升后的三难选择⋯⋯⋯⋯⋯⋯ 030

　　三　全球金融周期与宏观审慎框架⋯⋯⋯⋯⋯⋯⋯⋯ 034

第三节 财政可持续性与外部平衡 ………………………………… 036
    一 国际货币职能与铸币税 ………………………………………… 037
    二 特里芬两难与国际货币发行国的国际收支 …………………… 038
    三 全球安全资产需求与国际货币发行国债务积累 ……………… 041

第四节 假币、洗钱与恐怖主义 …………………………………… 044

第三章 人民币国际化对中国金融安全的影响：市场与机构视角 ………………………………………………… 049

第一节 银行体系 …………………………………………………… 049
    一 人民币国际化通过银行体系影响中国金融安全的主要机制 …………………………………………………… 049
    二 小结 ……………………………………………………………… 059

第二节 外汇市场 …………………………………………………… 060
    一 人民币国际化、中国外汇市场发展与金融安全 …… 060
    二 人民币国际化通过外汇市场影响中国金融安全的主要机制 …………………………………………………… 066
    三 小结 ……………………………………………………………… 076

第三节 债券市场 …………………………………………………… 077
    一 人民币国际化、中国债券市场发展与金融安全 …… 077
    二 人民币国际化通过债券市场影响中国金融安全的主要机制 …………………………………………………… 083
    三 小结 ……………………………………………………………… 095

目 录

第四节 股票市场 …………………………………… 096
 一 人民币国际化与中国股票市场的发展 ………… 096
 二 人民币国际化通过股票市场影响中国金融安全的
  主要机制 …………………………………………… 103
 三 小结 ……………………………………………… 116

第五节 公司金融 …………………………………… 117
 一 人民币国际化与货币错配风险 ………………… 117
 二 微观经济主体货币错配影响中国金融安全的主要机制
  ……………………………………………………… 126
 三 小结 ……………………………………………… 134

第六节 离岸市场 …………………………………… 136
 一 人民币国际化与人民币离岸市场的发展 ……… 136
 二 人民币离岸市场影响中国金融安全的主要机制 … 142
 三 小结 ……………………………………………… 153

第四章 人民币国际化保障中国金融安全：能力建设 …… 156

第一节 建设独立的跨境支付体系 ………………… 156
 一 利用人民币跨境支付系统推动大宗商品
  人民币结算 ……………………………………… 156
 二 利用区块链技术实现跨境支付，打破美国的
  跨境支付垄断 …………………………………… 161

第二节 推动中央和地方政府债券国际化发展 …… 166

一　人民币国际储备份额的扩大将增强中国对外金融
　　　　制衡力，提升中国积极金融安全……………… 166
　　二　全球安全资产供不应求和人民币加入SDR货币
　　　　篮子为人民币国际储备份额的扩大带来机遇……… 180
　　三　积极推动中央和地方政府债券上升为全球安全资产，
　　　　有效扩大人民币国际储备份额……………………… 184
第三节　利用数字货币促进人民币国际化和全球跨境
　　　　支付体系改革……………………………………… 189
　　一　当前全球跨境支付体系存在的问题………………… 189
　　二　数字货币为跨境支付带来的机遇与挑战…………… 191
　　三　法定数字货币重塑全球跨境支付体系的路径……… 193
　　四　数字货币全球跨境支付体系的监管………………… 196

第五章　人民币国际化与中国金融安全：风险防范……… 198
　第一节　资本账户有序开放与宏观审慎监管框架………… 198
　　一　资本账户开放的必然趋势…………………………… 199
　　二　中国在资本账户开放上的政策路径………………… 201
　　三　处理好资本账户开放与更全面的金融改革的关系
　　　　………………………………………………………… 204
　第二节　国家资产负债表的管理…………………………… 206

第六章　结语………………………………………………… 209

第一章
金融安全：概念、视角、预设与分析框架

国外学术界对于金融安全的提法并不多见，涉及金融安全的问题多数以金融稳定（Financial Stability）、金融韧性（Financial Resilience）等概念来表示。国内学者近年来对金融安全做了大量研究，纷纷提出了各自对于金融安全的理解。有关的文献综述已经有很多，这里不再赘述。本书重点借鉴三份报告的观点。

首先，本书直接采用"国际政治与金融安全"课题组在《国际政治与金融安全报告》[①] 所给出的概念界定。该报告依据《中华人民共和国国家安全法》和中央政治局第四十次集体学习中习近平的讲话，提出"安全"是指个人、机构或国家等主体的利益相对处于没有危险和不受威胁的状态，以及他们保障持续安全状态的能力。在界定了"安全"概念之后，该报告进一步论述了"金融

---

① "国际政治与金融安全"课题组：《国际政治与金融安全报告》，2018年1月。

安全"的内涵，即金融安全是金融环境、金融市场和金融机构相对处于没有危险和不受威胁的状态，以及它们保障持续金融安全状态的能力。金融安全是国家安全的重要组成部分，是经济平稳健康发展的重要基础。从上述概念界定中可以看出，"不受威胁"对于"安全"和"金融安全"两个概念来说都是一个关键词。本书对于金融安全分析框架的建立就从这一点着手。

其次，西南财经大学金融安全课题组对于"金融安全"的分析视角也对本书研究提供了启发。该课题组在《中国金融安全报告2015》当中提出，"金融安全评估包括经济和政治两个视角……经济视角重点评估金融稳健性……政治视角重点评估金融自主权，分析在金融开放的过程中如何维护自身的主权，把握开放的进程，进而在全球政治经济新秩序重构中分享最大化利益。"[1] 重视政治视角的金融安全，是本书的特色与亮点。本书沿用这一思路，同时考察政治和经济两个领域中人民币国际化对中国金融安全的影响，重视政治安全的理念，在后文的研究中深入分析论述了"金融制裁""假币、洗钱与恐怖主义""数字货币与全球跨境支付"等与国家政治安全高度相关的议题。

最后，本书借鉴了《总体国家安全观干部读本》[2]的观点，强

---

[1] 金融安全协同创新中心、西南财经大学中国金融研究中心编《中国金融安全报告2015》，中国金融出版社，2015。
[2] 《总体国家安全观干部读本》编委会：《总体国家安全观干部读本》，人民出版社，2016。

调要兼顾发展和安全，兼顾维护国内发展安全和开展国际合作竞争博弈。对于中国这样一个大国经济体，"开放是国家繁荣发展的必由之路"，不能为了获得绝对安全而阻碍发展，也不能为了获得绝对安全放弃开放。安全是相对的，绝对安全并不存在，保障中国金融安全的核心是掌握金融自主权和不发生系统性风险，局部风险是可以存在的，也是必然会发生的。有了这样的底线思维，把握了保障金融安全的度，才能够不断促进金融创新，构建创新型国家，从而有力地支持中国经济和社会的持续发展。因此，逐步实现我国市场经济体系的充分对内、对外开放，是本书研究的一个基本预设，所有的研究都是建立在这一基本预设基础之上的。本书分析、论证和判断在中国经济体系不断开放过程中，人民币国际化对中国金融安全的影响，不再对预设本身开展深入的论证分析。

在明确了金融安全的概念界定、分析视角和基本预设之后，本书对金融安全提出一个新的分析框架：消极金融安全和积极金融安全。如前文所述，"不受威胁"是"安全"和"金融安全"的核心内涵。如何做到不受威胁？本书提出，可以通过两种方式实现"不受威胁"，即防御威胁和消除（或者制衡）威胁。通过增强防御威胁的能力而实现的金融安全是消极金融安全；通过消除或者制衡威胁而实现的金融安全是积极金融安全。在消极金融安全模式下，威胁是会发生的，经济体通过增强自身的损失吸收能力和抗打击能力来提高金融韧性，从而有效地抵御威胁。在积极金融安全模式下，威胁要么被消除，要么被有效制衡，从而不会实际发生。举例而言，巴塞尔协议Ⅲ要求银行提高资本充足率，这增强了消极金融安全。中国通过人民币国际化并利用人民币跨境支付系统建设实现大宗商品人民币结算，消除了美国利用SWIFT和CHIPS系统对中国实施金融制裁的威胁，这提升了积极金融安全；或者，中国通过人民币国际化导致全球对美元债券的需求下降，形成了对美国的有效金融制衡，这也会带来积极金融安全的增强。

美国兰德公司1994年在给美国国防部提交的报告《国家安全的经济维度》[①]中提出，美国经济安全应涵盖两个维度。第一个维度与应对不确定性有关，是指美国有能力保护自身经济利益免受某些事件的损害。这些事件既可能来自国内，也可能来自国外；既可能是人为活动，也可能是自然力量。在这个维度上，国家维护经济安全的目标是降低不确定性对整体经济福利的伤害，以及降低不确定性伤害超过所能承受底线的可能性。第二个维度是指美国有能力在制定国际规则方面于世界上扮演主要角色，从而塑造对自身经济有利的国际政治、经济和军事环境。兰德公司所提出的两个维度与本书所提出的消极金融安全和积极金融安全有某

[①] Neu, C. R. and Wolf, C., *The Economic Dimensions of National Security* (Rand Corporation, 1994).

些相通之处。第一个维度类似于本书提出的消极金融安全,在这个维度上,维护国家经济安全是为了应对不确定性事件的发生,就像消极金融安全是对威胁的抵御而不是消除威胁。第二个维度类似于本书提出的积极金融安全,在于主动改变和塑造外部环境以利于自身的经济安全。

第二章
人民币国际化对中国金融安全的影响：政治与宏观经济视角

第一节 金融制裁

一 金融制裁的方式与效果

金融制裁中常采取的手段有：冻结被制裁国或特定国民的资产；禁止对被制裁国的投融资；禁止被制裁国资产的清算；禁止向被制裁国提供金融服务；暂停政府间经济援助等。金融制裁有时会与贸易制裁联合进行（贸易制裁通常将以限制某种商品的进出口作为主要方式）。彼得森国际经济研究所（简称：彼得森研究所）的研究成果显示，在53个单独实施金融制裁的案例中，有19个产生了积极效果（占36%）；在101个贸易与金融制裁相结合的案例中，有32个是成功的（占32%）；在21个以资产冻结作为制裁手段的案例中，有8个取得了理想的效果（占38%）。与上述金融制裁结果形成鲜明对比的是，在40个单独实施贸易制裁的案例中，只有10个收到了良好效果（占25%）。① 由此可见，金融制裁的效果较为显著。

从对以往案例的研究中还发现，将贸易制裁与金融制裁手段结合使用，成效会好于单独使用贸易制裁。单独实施金融制裁的成效远优于单独实施贸易制裁的原因主要有以下几点。第一，受贸易制裁本身的缺陷影响。贸易制裁，特别是出口控制产生的制裁影响常常被其他出口渠道所替代或是被被制裁国的人口分散，而进口贸易的渠道也会对发起制裁国本身造成一定影响，难以达到理想效果。相比之下，金融制裁拥有针对性强、作用效果显著的特征。第二，金融制裁的目标可以直接设定为被制裁国的重点领域或那些有政治影响力的政府官员个人，达到直接对被制裁国金融市场造成影响的目的。而贸易控制通常是有选择的，只能影响一种或几种商品，例如在美国对缅甸的制裁中，仅禁止缅甸翡翠和红宝石进口，对其他商品的进口并无限制，对被制裁市场的影响十分有限。第三，金融制裁，尤其是在涉及贸易融资的情况下，无须施加直接的贸易制裁

---

① 〔美〕加力·克莱德·霍夫鲍尔等：《反思经济制裁》，杜涛译，上海人民出版社，2011。

措施，就可以通过中断资金流通的方式阻碍大范围的贸易融通。而在贸易制裁的实施过程中，对被制裁国的贸易可能只是被转移了，很难被完全切断，对商品价格的影响最终仍取决于被制裁国的市场供需情况。此外，从制裁发起国角度来看，中断官方援助、贷款或金融服务的手段不会像中断私人贸易一样引起来自外国公司企业以及外国同盟者的反对，制裁成本较小。

二 美国对金融制裁的运用

根据彼得森研究所的数据，截至 2000 年，美国作为金融制裁的主要发起国，单独或与贸易控制相结合地使用金融制裁手段发起对外制裁的案例多达 140 个，占所有金融制裁（204 个）的 69%。美国能够在金融制裁方面扮演尤为重要的主导角色，主要原因之一是"二战"后美国成为众多国家战后重建的主要资金来源国，同时也是世界经济关键货物和服务的主要供应国，有时甚至是唯一的供应国。美国在金融制裁方面拥有得天独厚的优势，并且有能力通过一国之力达到金融制裁的预期效果。[①] 在霍夫鲍尔的研究中，1990 年之前，31 个案例中有 25 个美国是单方制裁国。[②]

---

① Hufbauer, G. C. (PIIE), Schott, J. J. (PIIE), Elliott, K. A. (PIIE) and Oegg, B. (PIIE), "Economic Sanctions Reconsidered", 3rd Edition, June 2009. https://piie.com/search/economic%20Sanction%20Reconsidered.
② 〔美〕加力·克莱德·霍夫鲍尔等：《反思经济制裁》，杜涛译，上海人民出版社，2011。

(一)"9·11"后美国对金融制裁的高频使用

美国很早就开始使用经济制裁手段来为其政治目的服务。1807年12月，在美国前总统伍德罗·威尔逊的支持下，国会首次以经济制裁法案——《禁运法案》的形式对其他国家进行制裁。该法案通过阻碍英国和法国与美国间大部分贸易往来以惩罚英法在拿破仑战争期间扣押美国船只和强征美国海员的行为。然而，禁运措施完全没有获得预期的效果，禁运给美国带来的打击至少和英法一样大。由于制裁的高昂成本和低效性，国会在《禁运法案》实施仅18个月后撤销了该法案。《禁运法案》收效甚微对未来美国的经济制裁带来很大影响，一直到21世纪初期，华盛顿的大部分政策制定者似乎都认定"经济制裁并不奏效"。2003年伊拉克战争的爆发表明联合国对伊拉克的经济制裁并未阻止萨达姆获得大规模杀伤性武器，在一定程度上反映出经济制裁的低效性。20世纪90年代，一篇被广泛引用的名为《经济制裁为何不奏效》的文章指出，经济制裁的成功率仅为5%。美国外交关系协会主席Richard Haass也曾在外事论坛上严厉谴责"疯狂制裁"的行为。美国副总统Richard Cheney在成为副总统前曾专门著书强调经济制裁的无效。然而进入21世纪以来，经济制裁却成为最受政策制定者青睐的治国工具。美国在近年来对伊朗和俄罗斯的制裁中频频采取经济制裁手段并收到一定效果。2014年，美国财政部助理部长吹嘘，由于经济制裁的广泛使用和显著效果，财政部现在已经成为保卫国家安全的核心部门。①

短短15年间政策制定者们对于经济制裁的态度呈现"180度"反转，其原因正是金融制裁作为经济制裁的一种形式，近年来发挥着巨大的作用。而美国在金融制裁的运用上拥有得天独厚的优势。"二战"后，美元一举击溃英镑，成为世界货币体系中的新霸主，并将美元在全球金融中的绝对实力和优势逐渐转化为国家所拥有的不均衡、不对称的新型国际权力，服务于对外政策。美国可以凭借美元在世界货币体系中的霸主地位，依靠其在国际储备、清算等领域的强大优势，通过切断被制裁国与国际主要金融市场联系的方式，在被制裁国国内造成金融恐慌甚至经济崩溃、政治垮台，威胁被制裁国国家安全。随着金融全球化、网络化进程的加深，金融制裁作为美国称霸世界的工具，已经成为美国对外政策"兵器库"中最主要的武器之一。尤其是在"9·11"事件后，美国更是投入大量资金和精力用于提高追踪和识别恐怖分子。金融交易、金融制裁也因此在国家安全战略中扮演越来越重要的角色。金融制裁还将逐渐演变为未来大国之间博弈的新方式。

（二）美国金融制裁的机制及运作

1. 法律体系

美国金融制裁法律体系由基于国家安全与对外政策的一般性法

---

① 本段内容参考 Rosenberg, E., Goldman, Z. K., Drezner, D. and Solomon-Strauss, J. (2016), "The New Tools of Economic Warfare", Center for New American Security, April。

律和针对具体国家或事件的特定法律两部分组成。

在一般性法律方面，一是于1917年"一战"背景下出台的《与敌国贸易法》。该法是美国针对敌国全面适用的法律，在国家处于战争或其他紧急状态期间，赋予总统至高无上的权利——有权调整与敌国之间的贸易关系。此后，美国财政部还根据该法律制定了《外国资产管理条例》，规定可以冻结相关国家资产并禁止金融交易以实施金融制裁。

二是1945年颁布的《联合国参与法》。该法规定美国可以以对外金融制裁的方式来执行联合国安全理事会决议，为"二战"后美国凭借美元在世界货币体系中的统治地位，大规模使用对外金融制裁手段奠定了法律基础。

三是美国联邦于1976年、1977年分别颁布的《全国紧急状态法》《国际紧急经济权力法》。《全国紧急状态法》规定，如果总统宣布国家进入紧急状态，总统有权针对有关外国或外国人采取经济制裁措施，对于与外国或外国人有利害关系的外汇管制，国际支付以及货币、证券和财产的转让或转移行使特别权力。《国际紧急经济权力法》则规定在美国国家安全和经济利益遭受重大威胁时，美国政府可以冻结、没收外国持有的美国资产。也就是说，在非常时期美国可以依据此法冻结被制裁国持有的美国国债，甚至将欠债一笔勾销。

四是2001年"9·11"恐怖袭击发生后迅速出台的《爱国者

法案》。"9·11"恐怖袭击之后，美国迅速颁布了《爱国者法案》，进一步扩大了总统实施金融制裁措施的权力。该法案第106条规定，即便美国总统没有宣告或者认为不必宣告国家进入紧急状态，但美国成为武装敌对行动对象或者成为外国或外国国民袭击对象时，美国总统可以针对局部的或者孤立的敌对事件或者受袭事件对外国人、外国组织或者外国实行金融制裁。甚至还规定，没收的资产应当划归总统指定的相关人员或者机构，并且根据总统确定的条件为满足美国的国家利益而加以使用或者处置。

通过对以上法律体系的研究可以看出，一方面，自《与敌国贸易法》起，其后的相关法律不断强化总统在金融制裁方面的权力，从只有当国家陷入战争或紧急状态时才可以采取制裁措施到后来发展成为总统认为必要时都可以对外国实行金融制裁，通过金融制裁保障国家安全的理念不断深化。另一方面，金融制裁中采取的手段也更加丰富。从《与敌国贸易法》中通过冻结相关国家资产并禁止金融交易的制裁手段，逐渐发展成为集外汇管制，国际支付以及货币、证券和财产的转让或转移，冻结、没收外国资产等多种手段的全方位金融制裁。

2. 执法机构

美国财政部2004年成立的"恐怖主义和金融情报办公室"（TFI）是管理实施金融制裁的主要责任部门，在必要时还会咨询美国国务院和其他联邦机构。TFI是财政部下设的四大部门之一，

第二章 | 人民币国际化对中国金融安全的影响：政治与宏观经济视角

下设"恐怖主义融资与金融犯罪办公室"，负责制定政策；"情报分析办公室"，负责搜集情报；"海外资产控制办公室"（OFAC），负责管理制裁项目；"金融犯罪与执法网络办公室"，负责银行保密法与反洗钱的相关监管；"财政部没收资产行政办公室"，负责管理从犯罪分子手中没收来的资产。①

其中，"情报分析办公室"是世界上唯一下设于财政部的情报部门。比起一般的情报部门，该办公室精于金融情报，能够调动财政部专有的金融和财务数据，用于金融制裁和金融外交。"海外资产控制办公室"则作为责任机构，负责定期更新"特别指定国民和人员封锁清单"（SDN 清单）。SDN 清单上的对象包括个人、公司和其他实体。这些对象通常因为拥有或控制与被制裁国相关的资产或与被制裁国和恐怖分子等非法组织有资金往来而受到美国制裁。总的来说，这些个人、公司和其他实体即"特别指定国民"（SDNs），通常情况下，美国人禁止直接与 SDNs 交易。此外，在没有 OFAC 授权的情况下，美国人也被禁止间接参与经济制裁对象国国内或和被制裁对象相关的贸易往来。②

3. 资金转移和支付清算系统

为了更好地理解美国金融制裁的机制和作用，对资金转移方式

---

① 《美国财政部的无声战役》，财新网，2016 年 12 月 7 日。
② U. S. Department of The Treasury, "Financial Sanctions". https：//www. treasury. gov/resource – center/sanctions/SDN – List/Pages/default. aspx.

和支付清算系统的运作有一定了解十分必要。

在现代经济体中，价值常常是通过现金或银行债权转让的方式在当事人之间完成转移的，而银行债务之间的转让又常通过支票、信用卡或电子资金转账（电汇）等手段进行。其中，电汇是国际金融体系中最重要的一种支付形式，大型金融机构和公司利用电汇进行大规模资金融通的做法十分频繁。从本质上讲，电汇是一种交易，交易的"发起人"或转让方可以是个人、公司或银行，转让方通过指示银行将资金从其账户转移到接收方或"受益人"的账户。如果交易发起人和受益人账户同在一个银行，银行可以仅仅通过完成对双方借贷情况的重新统计就完成了债权之间的转移，不会有真实的现金转移，这种做法既安全又便利。若交易发起人和受益人的资金账户在不同银行，但是不同银行之间存在"往来账户"，交易双方也可以通过这种"来往账户"的渠道实现与上述方法类似的资金融通。发起人与受益人账户所在的银行还可以通过在第三方"中介银行"内开设往来账户实现资金转移，在这种情况下，双方银行必须在中介银行的账户内存有足够的余额，并建立中介银行的连锁机构为资金转移服务。①

美联储转移大额付款的系统（Fedwire）是美国金融基础设施

---

① Carter, B. E. and Farha, R. (2013), "Overview and Operation of U. S. Financial Sanctions, Including the Example of Iran", Georgetown University Law Center.

第二章 人民币国际化对中国金融安全的影响：政治与宏观经济视角

的重要组成部分，是十二家联邦储备银行共用的通信和结算系统。大部分美国银行在 Fedwire 中开设代理账户并保持充分的流动性。联邦储备银行则担任中介银行的角色，负责资金转移和实际结算支付的作用。在联邦储备银行中，纽约联邦储备银行（FRBNY）起着特别重要的作用，大多数利用 Fedwire 发起交易的金融机构在纽约联邦储备银行管辖下。①

另外两个重要的美元支付系统分别是纽约清算所银行同业支付系统（CHIPS）和环球同业银行金融电讯协会（SWIFT）系统。CHIPS 和 Fedwire 一样，负责资金往来金额结算业务，是全球最大的私营支付清算系统之一。CHIPS 建立于 1970 年，致力于稳定货币市场的流通波动，主要进行跨国美元交易的清算，处理全球 90% 以上的国际美元交易。

SWIFT 成立于 1973 年，是一个国际银行间非营利金融服务性国际合作组织，总部设在比利时的布鲁塞尔，同时在荷兰阿姆斯特丹和美国纽约分别设立交换中心（Swifting Center），并为各参加国开设集线中心（National Concentration），为金融机构提供安全报文交换服务与接口软件，覆盖 200 余个国家，接入金融机构超过 11000 家。作为一个全球性组织，SWIFT 董事会的 25 名独立董事

---

① 潘永、刘灿霞：《中国与美国的支付清算系统比较研究》，《时代金融》2010 年第 8 期。

中仅有4人来自新兴经济体，其执行委员会的成员更是清一色的来自欧美国家。需要提到的一点是，SWIFT系统实际上并不提供结算服务，而是通过Fedwire、CHIPS或其他支付系统实现资金的实际支付结算。但SWIFT运营着世界级的金融电文网络，银行和其他金融机构都需要通过它与同业交换电文来完成金融交易。SWIFT不仅负责美元的电文传送，也承担其他货币的电文传送。这意味着，美国借助SWIFT系统，能够控制当今世界上大部分的跨境货币支付。

Fedwire与CHIPS均位于美国境内，很容易受其控制。而SWIFT总部位于布鲁塞尔，美国获取SWIFT数据的过程经历了一些周折。美国财政部早在20世纪80年代就尝试获取SWIFT数据库，但当时未能如愿。"9·11"事件为美国掌控SWIFT数据提供了极好的借口。事件发生后美国以打击恐怖主义的名义获得了从SWIFT提取部分信息的权力。① 美国国内银行和金融机构依法提交的交易和账户信息，加之SWIFT提供的部分信息为美国财政部定位打击目标提供了准确的情报网，是实施目标明确的金融制裁的有力保障。

4. 金融制裁的执行

金融制裁的执行起源于支付系统。值得注意的是，尽管FRBNY在大额金融交易中扮演着重要的中介角色，但并没有对

---

① 《中国人民币跨境支付系统CIPS：抵御跨境金融战的护身符》，2015年10月13日，http://www.guancha.cn/tieliu/2015_10_13_337277_s.shtml。

OFAC 规定的 Fedwire 交易进行实时监督。OFAC 以本国和外国金融机构在支付系统中对私人部门交易和提交自主报告（self-report）过程中潜在或实际存在的违背制裁的行为为依据制定 SDNs 名单。根据 SDNs 名单，美国金融机构监控并探知违反或可能违反金融制裁规定的金融行为，一旦发现必须冻结相关资产或者拒绝提供交易服务，并且在十个工作日内向 OFAC 报告账号户名、资产所在地及价值、被冻结或拒绝时间、支付请求图像以及该项资金被转入冻结账号的确认信息。如果某一金融机构没有阻止违规行为并向 OFAC 报告，情况一经查实，它将被警告、遭受民事处罚甚至面临执法机构提起的刑事诉讼。①

（三）美国近期实施的金融制裁案例

表 2-1 是美国财政部公布的部分经济和金融制裁。

表 2-1 美国发起的部分经济和金融制裁

发起时间	目标国家和地区	制裁手段
2003 年 5 月 9 日	巴尔干半岛	禁止涉及冻结资产的交易； 禁止投资和再投资； 禁止冻结财产的清算等
2006 年 6 月 20 日	白俄罗斯	禁止涉及冻结资产的交易； 禁止投资和再投资； 禁止冻结财产的清算； 禁止豁免交易等
2015 年 11 月 23 日	布隆迪	冻结在美资产，不得转让、支付、出口、撤回； 禁止提供捐款、资金以及金融服务的行为等

① 阮建平：《战后美国对外经济制裁》，武汉大学出版社，2009。

续表

发起时间	目标国家和地区	制裁手段
1993年7月4日	古巴	禁止与目标国或国民的外汇交易； 禁止与目标国家的证券交易； 禁止某些商品的进口或交易； 限制贷款和其他融资行为； 禁止豁免交易等
2005年4月18日	刚果	冻结在美资产，不得转让、支付、出口、撤回； 禁止对目标国的捐款或提供资金、货物或服务行为等
1979年11月14日	伊朗	禁止涉及被封锁资产的交易； 禁止从目标国进口商品和服务； 禁止向目标国出口、再出口、销售或供应货物、技术或服务； 禁止第三方向目标国出口货物、技术和服务； 禁止投资等
1990年8月6日	伊拉克[①]	禁止转让、付款、出口、撤回或以其他方式处理指定单位或个人的冻结财产
2007年8月1日	黎巴嫩	禁止涉及冻结资产的交易； 禁止投资和再投资； 禁止冻结财产清算； 禁止豁免交易等
2011年2月25日	利比亚	禁止涉及冻结资产的交易； 禁止投资和再投资； 禁止冻结财产清算； 禁止进口原产于利比亚的原木或木材产品等

① 针对科威特对伊拉克的入侵，1990年8月2日，美国实施全面制裁，包括对伊拉克的贸易禁运和冻结的当时伊拉克政府的资产。多年来，一系列行政命令调整了对伊拉克事件的制裁，目前还没有针对伊拉克的广泛的制裁措施。

续表

发起时间	目标国家和地区	制裁手段
2008年6月26日	朝鲜	禁止涉及冻结资产的交易； 禁止对目标国与武器有关的直接或间接的进出口、再出口； 禁止对目标国提供培训、咨询或其他服务协助，或和目标国从事涉及制造、维修或使用武器及相关材料的金融交易等
2010年4月13日	索马里	禁止涉及冻结资产的交易； 禁止投资和再投资等
2006年10月13日	苏丹	禁止涉及冻结资产的交易； 禁止投资和再投资； 禁止从目标国进口商品或服务； 禁止向目标国出口货物、技术或服务； 禁止向目标国发放贷款； 禁止与石油和石化行业有关的交易等
2014年4月3日	南苏丹	禁止涉及冻结资产的交易； 禁止投资和再投资； 冻结财产的清算等
2004年5月12日	叙利亚	禁止涉及冻结资产的交易； 禁止投资和再投资； 冻结财产的清算； 禁止对目标国的出口、再出口、销售、供应或服务； 禁止进口目标国产地的石油或石油产品等
2014年3月6日	乌克兰/俄罗斯	禁止涉及冻结资产的交易； 对经营在俄罗斯经济领域的实体部门的制裁，例如禁止被制裁企业进入美国债券市场； 禁止对目标国提供投资、进出口以及技术转让或服务； 武器禁运等

续表

发起时间	目标国家和地区	制裁手段
2015年3月9日	委内瑞拉	冻结在美资产,不得转让、支付、出口、撤回; 禁止向目标国提供捐款、资金、货物或服务等
2012年5月16日	也门	禁止涉及冻结资产的交易; 禁止投资和再投资等
2003年3月7日	津巴布韦	禁止涉及冻结资产的交易; 禁止投资和再投资; 冻结财产的清算; 禁止豁免交易等

资料来源:根据美国财政部公布的金融制裁项目列表整理,https://www.treasury.gov/resource-center/sanctions/Programs/Pages/Programs.aspx。

通过对美国财政部公布的金融制裁资料进行分析,可以看出"9·11"事件后美国金融制裁具有五大重要特征。

第一,金融制裁正在逐渐代替贸易制裁,成为经济制裁最重要的形式。金融制裁的方式具有制裁成本小、效果显著的特征。一方面,不同于切断贸易会给本国出口商造成一定福利损失,金融制裁有针对性地将目标直指政治精英,减少了对大众的伤害,尽可能地降低了制裁成本。另一方面,随着非国家主体在世界政治体系中扮演日益重要的角色,和传统贸易制裁相比,金融制裁对个人及组织的制裁成效更为显著。

第二,金融制裁作为保障国家金融安全的重要手段,使用频率越来越高。在美国2017年底仍在实施的19个对其他国家的金融制裁案例中,有16个案例的开始时间在"9·11"事件后。而

第二章 | 人民币国际化对中国金融安全的影响：政治与宏观经济视角

结合彼得森研究所数据可以发现，"9·11"事件后，所有的经济制裁都或多或少地运用到了金融制裁的手段。这意味着金融制裁正在逐渐替代成效不佳的传统贸易制裁，成为对外经济制裁的主要方式。

第三，金融制裁不但在对其他国家的制裁中效果显著，还在打击恐怖主义、打击贩毒集团、反大规模杀伤性武器方面收到成效。随着全球金融化的深入以及电子信息技术的进步，一方面，美国可以借助其在全球金融体系的优势地位，识别、冻结、扣押甚至没收恐怖主义和犯罪集团的资产，切断恐怖组织和犯罪集团的资金转移的渠道，借此削弱其经济基础。另一方面，还可以通过追踪恐怖主义及贩毒、犯罪集团的资金流，获得恐怖分子及罪犯的相关信息，阻止未来恐怖袭击、贩毒和违法案件的发生，起到防患于未然的作用，是未来打击恐怖主义、贩毒及犯罪集团的重要手段之一。据美国财政部《恐怖主义报告》显示，截至2015年12月31日，美国财政部冻结的与国际恐怖主义相关的资产高达37亿美元。其中，被美国认定为恐怖主义支持国的古巴、伊朗、苏丹、叙利亚四国在美国境内被冻结的资产共有23亿美元。①

第四，从采取的具体金融制裁手段来看，由于冻结资产能

---

① OFAC（2015），"Terrorist Assets Report"，3-5. https：//www.treasury.gov/resource-center/sanctions/Programs/Documents/tar2015.pdf.

够取得成效，因此成为美国金融制裁中最常用的手段之一。19个美国2017年底仍在实施的对其他国家的金融制裁案例均涉及冻结资产。

第五，切断跨境清算通道也是近年来美国金融制裁中使用较多的手段之一，也是最为严厉的制裁手段。在"9·11"事件发生后美国进行的19例金融制裁中，明确将切断某些资产的跨境清算作为制裁手段的案例达8例，占42%。从现实事例来看，切断清算渠道的制裁手段取得了十分显著的效果。伊朗是石油大国，伊朗的财政收入在很大程度上依赖石油的出口，而全球石油交易恰恰是以美元结算的。2008年，美国以防止核扩散为由对伊朗发起金融制裁，主要是通过CHIPS中止了对伊朗的石油交易清算，导致伊朗的石油贸易只能使用本地或中东国家货币进行结算，对伊朗的石油出口造成巨大打击，伊朗国内经济状况每况愈下。2011~2012年，美国又以洗钱为由，制裁伊朗中央银行，彻底断绝了全世界中央银行同伊朗央行的金融往来。美国迫使SWIFT关闭了伊朗所有金融机构的转账开关，即使使用其他国家货币也无法实现对伊朗石油贸易的结算。① 伊朗国内出现生活物资短缺、货币大幅贬值、大规模示威游行罢工的混乱局面。直到2014年1月，伊朗被迫全面停止

---

① 徐以升、马鑫：《金融制裁——美国新型全球不对称权力》，中国经济出版社，2015。

浓缩铀项目，美国才逐渐放松了对其的金融制裁。反过来，从这里可以看出，建立自身的跨境支付系统是防范美国实施金融制裁最重要的手段。

三 人民币国际化对防范金融制裁、提升中国金融安全的强大作用

美国实施金融制裁的优势来自美元在国际货币体系当中的霸权地位和美国所控制的美元全球跨境支付系统（CHIPS和SWIFT）。伴随人民币国际化的持续推进，人民币跨境支付系统不断完善，中国的跨境支付将越来越多地使用人民币并通过我国自行建设的人民币跨境支付系统来进行。特别是在大宗商品交易领域，如果能够实现人民币计价并通过我国的CIPS系统实现跨境结算，则美国潜在的金融制裁的有效性将大幅下降。从上文的分析可以看出，金融制裁对一国金融安全产生的威胁效果有时是相当强大的，因此，人民币国际化对于金融制裁的防范作用将显著提升中国的金融安全。

（一）人民币跨境支付系统（CIPS）的进展

在CIPS系统建成之前，人民币跨境业务主要通过传统的代理行、清算行两种模式进行。在代理行模式下，境内外银行通过环球报文交换系统SWIFT传递跨境支付信息，然后通过中国现代化支付系统CNAPS进行清算。在境外人民币清算行模式下，境外银

行通过SWIFT传递跨境支付信息，连接到境内大额支付系统（HVPS）完成最终清算。不难发现，两种模式均对SWIFT系统有着很强的依赖性。虽然SWIFT是一家全球各大银行创办的总部位于布鲁塞尔的私营金融服务性机构，但它非常容易受到西方国家的影响，是西方国家对外实施金融制裁的有力武器，易对我国的金融安全造成威胁，我国亟须建立一条更为安全的人民币跨境支付渠道。

CIPS采用国际通用报文转换的要求，采用实时全额结算方式处理，可满足跨境货物贸易、服务贸易、跨境投融资以及个人汇款等业务的清算需要，被看作"中国版SWIFT"。自2015年10月8日人民币跨境支付系统（CIPS）一期正式上线运行起，CIPS系统连续运行稳定，系统可用率保持在100%，业务量稳步攀升，参与者规模不断扩大。值得注意的是，随着我国"一带一路"倡议的深入，沿线国家金融机构通过CIPS开展人民币跨境支付业务的积极性不断提高，参与者覆盖面将进一步扩大，CIPS人民币跨境业务办理主渠道的作用将进一步显现。根据CIPS官网的数据，截至2017年底，CIPS在全球共有31家直接参与者，677家间接参与者（其中亚洲505家，欧洲87家，北美洲25家，大洋洲17家，南美洲16家，非洲27家）。直接参与者可以在CIPS开立账户，不计息，不透支，日终账户余额自动划回该机构大额支付账户，日终账户余额为零。CIPS在大额支付系统开立清算账户，该账户是 CIPS 所有直接参与者的共同权益账户，账户内的资金属于所用 CIPS 直接参与者，此账户不允许透支，日终余额为零。①

在营业时间方面，CIPS 系统每周运行五天，运行时间为 9:00~20:00，11 个小时的运行时间意味着 CIPS 能够覆盖除美洲外的亚洲、大洋洲、欧洲和非洲四个主要的人民币经常使用的时区。而 CHIPS 每天营业 20 个小时，覆盖所有时区。可以在 CIPS 二期中进一步延长系统运行时间，考虑覆盖更多时区。

在使用便利性方便，CIPS 采用国际通行报文标准，支持传输包括中文、英文在内的报文信息，并完善了中文处理流程，电文转换速度更快。系统克服了人民币跨境清算过程中，SWIFT 网络的 MT 报文不支持中文传输给国内的中文账户名和地址翻译造成的不便。同时，解决了参与者收到 MT 报文时出现转换困难、查询查复较多导致的效率低下的问题。

（二）对大宗商品人民币结算的分析

逐步实现大宗商品人民币结算，是防范西方国家对我国实施金融制裁的另一有效手段。当前，大宗商品结算主要是美元化的，美元在大宗商品交易中的使用占比超过 90%。近年来，随着人民币

---

① 祝远缓：《美元跨境清算系统与人民币跨境支付系统研究与启示》，《吉林金融研究》2017 年第 3 期。

使用范围的扩大，特别是人民币跨境支付系统的建设，大宗商品人民币计价结算具有了初步的基础和条件，可以考虑推进建立更加多元化的大宗商品计价体系。

首先，企业有较强的大宗商品人民币计价结算的现实需求。我国大宗商品需求量均居全球前列，尤其在原油进口方面，美国能源信息署（EIA）数据显示，2017年，中国已经超过美国，成为世界上最大的原油进口国。而现阶段，我国大多数企业仍旧只能扮演国际价格变动被动接受者的角色，这给企业经营活动开展带来困扰。其次，油品等大宗商品人民币计价结算已有适宜的外部环境。要成为国际大宗商品的计价货币，必须在全球市场具备较高的流动性与可接受程度。随着人民币跨境贸易结算、直接投资等相继试点，人民币正式纳入SDR，越来越多的国家开始在外汇储备中持有人民币资产。一方面，中国人民银行已经与全球范围超过30个国家和地区的央行签订了人民币互换协议，马来西亚、泰国、尼日利亚等新兴市场国家更是宣布将人民币纳为主要储备货币。另一方面，RQFII等放松资本管制的变通方式为境外人民币提供更多的投资渠道，使得人民币在国际市场上的被接受程度不断增强，这些政策举措均为国际大宗商品采用人民币计价创造了有利环境。最后，人民币跨境支付体系的建立，使得大宗商品的人民币计价和结算具备了技术条件。

尽管在当前激烈的全球竞争中突破美元垄断，建设完成以人民币计价和结算、为全球市场所普遍接受的国际大宗商品交易平台尚有一段距离要走，但实现大宗商品计价和结算多元化，推动大宗商品人民币结算无疑是维护我国金融安全的极其重要的手段，这需要我们做出坚定而持久的努力。

第二节　货币政策和宏观审慎监管效力

当前世界正处于大发展、大变革、大调整时期，和平与发展仍然是时代主题。在这一前提下，人民币国际化的路径必然需要适应经济全球化的大趋势，必然要求资本账户开放度的提升。然而，在资本自由流动的大门逐渐敞开之际，我国金融体系愈加暴露在全球金融市场风险之下，金融体系存在的扭曲和漏洞会更加快速地膨胀扩散为显著的风险与问题。与此同时，我国的货币政策与宏观审慎监管政策将对海外市场持有人民币的信心以及需求产生重大影响，这将使我国货币政策及宏观审慎监管面临越来越复杂的条件。

一　人民币国际化与资本账户开放度的提升

虽然从各种指标来看，我国名义和事实的资本管制程度相对其他新兴经济体——如印度、巴西、俄罗斯、南非、马来西亚、泰国、印度尼西亚、菲律宾等——仍比较高，但近年来我国资本账户开放度已经有了长足发展。① 人民币国际化使以人民币为载体的资本流动成为资本流出的重要渠道。中国政府自推动人民币国际化以来通过各种渠道增加人民币流出的途径，其中包括对外投资、货物与服务、特别提款权、对外援助等。

在对外投资方面，中国政府近些年逐步加大对外投资规模，人民币国际化使国内投资者在境外企业直接使用人民币进行投资及结算的成本较其他货币更低，为我国企业对外投资提供了更便利的融资方式、更低的融资成本和更广阔的海外市场。中国企业不断加大对外投资的规模，加速了资本流出。

在货物与服务路径上，为推行人民币国际化，中国政府在与我国贸易往来密切的周边国家和地区，包括中国香港、中国澳门、中国台湾以及新加坡、俄罗斯、韩国、日本，大力支持边境贸易、推进旅游业的发展。通过跨境贸易人民币结算的渠道，境外已经积累起数额较大的人民币存量。

2016年人民币正式纳入IMF特别提款权（SDR）货币篮子。在人民币正式纳入之前，2009年中国政府签订了购买价值

---

① 使用 Chinn-Ito 金融开放指数（KAOPEN）衡量。Chinn-Ito 指数来自 http://web.pdx.edu/~ito/Chinn-Ito_website.htm。编制方法及其与其他指数的差异参见 Chinn, M. D. and Ito, H. (2007), "A New Measure of Financial Openness", *Journal of Comparative Policy Analysis*, Vol. 10, No. 3, pp. 309–322。

约 500 亿美元 IMF 债券的协议,尽管支付对价的计量单位是美元,但支付货币全部为人民币。此外,对外援助作为推动人民币国际化的重要手段,通过援外优惠贷款促进人民币向境外流出。

图 2-1 为 2013~2016 年每月跨境人民币收入与付款分别占涉外收入与涉外支出的比率。从图 2-1 中可以看出,跨境人民币收入占涉外收入的比率在 2015 年 8 月达到约 0.42 的峰值后,总体呈下降趋势,到 2016 年 10 月这一比率已经降至约 0.16。而跨境人民币支出占涉外付款的比率从 2013 年 1 月的约 0.16 一路上涨,2016 年 6 月达到 0.32,此后这一比率一直在 0.30 左右波动。跨境人民币结算成了资本流出的主要形式。

图 2-1 2013~2016 年跨境人民币收入支出占涉外收入支出比率

资料来源:Wind 数据库。

二 资本账户开放度提升后的三难选择

无论是在理论上还是在实践经验上，资本流动规模加大都意味着在稳定汇率以及货币政策独立性之间难以两全。蒙代尔在1963年发表的《固定和浮动汇率下的资本流动和稳定政策》一文中结合国际收支因素建立了IS-LM模型，研究开放经济条件下的内外均衡实现过程。[①] 这一模型精练地概括了一国宏观经济如何受资本流动情况和汇率制度的影响，并在此基础上提出了"不可能三角"的理论（三元悖论），即一国不可能同时实现资本自由流动、汇率稳定和货币政策独立性这三个目标（见图2-2）。"不可能三角"背后的逻辑是，如果资本账户完全开放，每个国家的汇率将由各个国家的利率水平决定。因此，如果一个资本账户开放的国家想要维持相对于美元的汇率稳定，那么利率水平必须紧跟美联储利率水平，

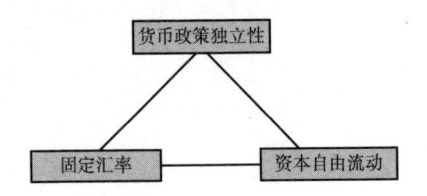

图2-2 蒙代尔"不可能三角"

---

① Mundell, R. A. (1963), "Capital Mobility and Stabilization Policy under Fixed and Flexible Exchange Rates", *Canadian Journal of Economics and Political Science/Revue Canadienne de Economiques et Science Politique*, Vol. 29, No. 4, pp. 475 – 485.

否则本国汇率将会面临持续的升值或贬值压力。

长期以来，由于我国面临了经常账户和资本账户双盈余，三元悖论对我国的压力尚能通过央行购汇和冲销政策得以压制和延缓。然而，随着美联储退出量化宽松政策、进入加息通道，我国经济结构性问题持续显现，企业杠杆率不断攀升，债务问题浮出水面，我国开始迎来资本账户逆差的局面。在资本账户开放水平已大大提升的条件下，稳定汇率意味着大量消耗外汇储备，不再是可持续采用的政策。稳定汇率进一步强化了我国与外部利率一致性的压力，从而使我国在货币政策操作中不得不更多地考虑外部金融环境。

随着美联储退出量化宽松政策并进入加息轨道，其伴随的外溢效应已明显冲击中国的金融市场。美元加息使得中美两国利差缩小，加剧了中国的资本外流，加大了我国货币政策的调控难度，人民币贬值预期加大，这在一定程度上减缓了人民币国际化的步伐。与其他受到冲击的新兴市场国家相比，当前人民币汇率形成机制的改革还未完成，汇率灵活性相比发达经济体和不少新兴经济体不足，未能充分发挥汇率对经济自发调节的作用，使得资本外流和汇率贬值预期相互强化并持续了较长时间。

事实上，1994年人民币汇率并轨以来，在央行的干预下人民币汇率波动总体很小，仅在1998年亚洲金融危机、2008年全球金融危机以及2015年以来发生过较大幅度的贬值。但在前两次汇率剧烈波动期间，外汇储备并没有如近年来那样出现显著下滑，而由于所实施的强有力的资本管制，即便在危机期间仍维持了正增长。但在2015年到2016年的两年内，外汇储备下降了8325亿美元（见图2-3），下滑幅度达21.7%，相当于2015年和2016年我国GDP总和的3.9%。如果用非储备性质金融账户余额与误差与遗漏账户余额之和来估算资本外流规模，那么2015年和2016年资本外流规模约为1.26万亿美元，相当于两年GDP的5.9%。

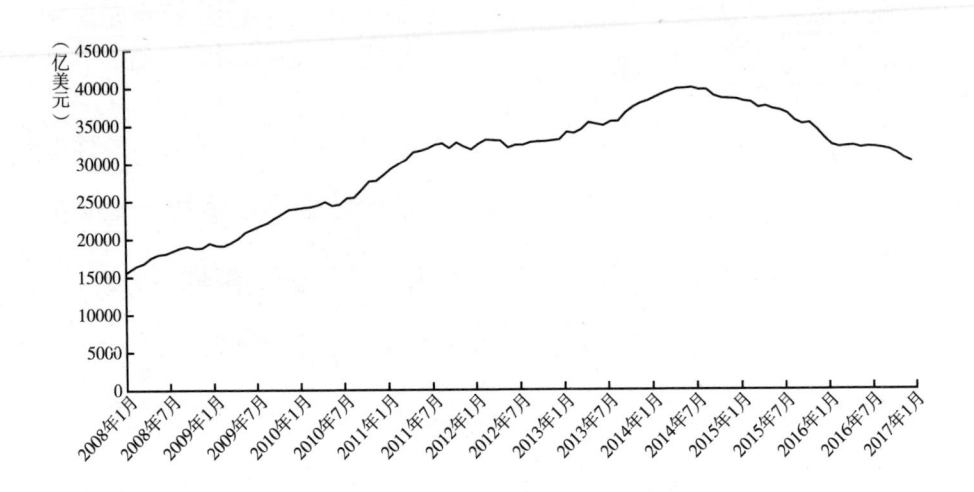

图2-3 2008~2016年中国外汇储备走势

资料来源：Wind数据库。

近年稳定汇率的经验表明，三难问题在我国政策选择中已表现得愈发紧迫。为应对人民币汇率贬值压力，减少资本外流，资本账户开放的进程也进行了调整，开始在内外两个方向上不对称发展。

第二章 | 人民币国际化对中国金融安全的影响：政治与宏观经济视角

第一，政府对资本流出的管制在加强。决策层制定了一系列针对境内公司的对外投资和境外放款的政策，在打击虚假对外投资行为的同时，限制大规模海外收购，并且采取行动遏制人民币国际支付并限制黄金进口。此外，从 2017 年开始，政府对居民个人换汇加强了监管。无论通过手机网银、网点自助购汇还是在银行柜台购汇，中国境内居民不仅要先填写一份《个人购汇申请书》，同时还需明确购汇用途及用汇时间。

第二，对资本流入的开放则得到进一步加强。决策层陆续出台了吸引国际资本流入的相关政策，包括允许中资非金融企业借用的外债资金按现行外商投资企业外债管理规定结汇使用；明确境外机构投资银行间债市不设单家机构限额或总限额；全面实施企业外债资金意愿结汇管理；外资银行可申请调增中长期外债借用规模等。

当前人民币汇率、资本流动与国内货币政策之间维持了暂时的平衡，但中国仍需在中长期选择一条适当的路径，以形成更为稳定而可持续的政策组合。中国实现金融安全的长期战略意味着资本账户将逐渐靠近现有发达经济体的水平。另外，中国作为全球经济体系中举足轻重的大国，以任何其他货币为锚在经济上或者政治上都不再可行。在这两个前提下，中国未来政策选择只能走向容纳更自由的资本流动、保持货币政策独立性以及汇率灵活浮动的组合。在这一过程中，中国面临如何在资本流动规模大幅扩张、波动性加剧的条件下实现汇率体制市场化转型的重大挑战。

三 全球金融周期与宏观审慎框架

近年来,国际上越来越多的研究者开始接受金融周期的概念。① 这一概念得到广泛认可是因为完全从传统宏观经济周期角度很难充分说明2008年全球金融危机后的经济演变过程。金融周期视角重视债务、资产价格和产出的相互作用,周期的驱动力则来自对价值和风险的认知与风险承担和融资约束之间的自我强化,其持续时间往往长于传统的宏观经济周期。

国际清算银行的研究显示,不同经济体的金融周期往往是同步的,很多金融周期的驱动因素具有重要的全球因素。② 例如,流动性状况在不同市场间往往是高度相关的,金融资本的流动将使风险溢价以及不同币种和市场的金融环境均等化。金融周期的跨国传导意味着开放条件下一国宏观经济在传统的贸易、汇率等传导渠道之外,还存在一个金融渠道。虽然按照经典的开放宏观经济学理论,浮动汇率应当隔绝外国货币政策冲击,防止国外通货膨胀向国内传导,从而确保本国货币政策的相对独立性,有利于实现国内经济更平稳的增长。但近年对全球资本流动以及资产价格共同因子的研究发现,这一阻隔效应并不如理论所描述的那般有效。

---

① Claudio, B. (2012), "The Financial Cycle and Macroeconomics: What Have We Learnt?" BIS Working Papers, No. 395.
② BIS (2014), "Bank for International Settlements", 84th Annual Report, 2013/14.

第二章｜人民币国际化对中国金融安全的影响：政治与宏观经济视角

原因在于，随着金融全球化的发展，跨国银行与大型基金在全球开展信贷或投融资活动。这些跨国金融主体的经营活动调整会成为中心国家货币政策冲击的重要传导渠道。① 当前美元和美元资产在全球金融系统中仍发挥着不可替代的作用，大量的跨国支付、结算和信贷活动均由美元完成。当美联储升息以及美国金融条件相对收紧后，跨国银行的美元融资成本相应上升，美元融资规模相应收缩，其他经济体的美元信贷活动很可能受此影响而收缩，造成事实上的去杠杆效应。相反的，如果美国货币政策宽松，即便其他国家货币政策收紧，这些国家也能从跨国银行处获得大量信贷。由于跨国银行以及基金的资金成本由美国货币政策决定，当地利率的提高会使得跨国金融机构更愿意在当地贷款或投资。

因此，这也造成了人民币国际化进程中的一种两难境地：虽然人民币国际化是为了强化人民币的国际使用而实现更高标准的金融安全，但是人民币的国际使用必然要增强金融体系的开放度，国内外主体的金融联系必然会大大增强，也就使得当前国际货币体系中的中心国家货币政策对我国的影响增强，从而在一定程度上削弱我国货币政策的有效性。

对于这一两难问题，一方面要承认在资本大规模流入或者流出

---

① Rey, H.（2015），"Dilemma not Trilemma: The Global Financial Cycle and Monetary Policy Independence." NBER Working Paper, No. w21162.

时，采取适度的资本管制会起到正面作用；另一方面要看到资本管制在长期会逐渐失效，套利资本活动会滋生更多的地下活动，不利于长期经济治理。金融体系的顺周期波动和资产价格波动，应该通过强化金融部门和宏观审慎政策框架来有效防范并化解系统性金融风险，增强资本大规模流动时国内稳定器功能。

第三节　财政可持续性与外部平衡

国际货币既是一项金融特权，也是一项重大的责任与承诺，与本国乃至全球的金融安全息息相关。货币国际化在给本国居民、金融机构带来利益，为发行国政府带来更多铸币税以及金融权力的同时，也带来货币需求的大幅波动和责任扩张。国际学界的主流意见是，以一国主权为支撑的货币代行国际货币职能，在中长期必然面临一项内在矛盾，即所谓的"特里芬难题"。海外持有该国际货币的数量上升，对货币发行国而言最终意味着经常账户的赤字。另外，海外持有的国际货币必将寻求一种安全资产形式，这就形成了海外对该国际货币的安全资产需求，这对货币发行国而言很可能意味着财政赤字。作为一个常年经常账户盈余以及财政管理遵循"量入为出，收支平衡"原则的经济体，中国在人民币国际化进程中也难以回避上述两个问题，因此人民币国际化在中长期的进程与中国财政可持续性以及外部平衡的发展紧密交织。

第二章 | 人民币国际化对中国金融安全的影响：政治与宏观经济视角 |

一 国际货币职能与铸币税

主权货币在承担国际货币职能时，也相应地获得了一系列特殊的金融和财政收益。当前国际货币体系建立在以美元为本位币，欧元、日元作为"区域性国际货币"补充美元的多级结构上。美元在国际贸易和金融中占据主导地位，约60%的国际储备以美元计价资产持有。[①] 美元作为国际货币，在某些方面可以说是提供了一种国际公共品，实现了以下一些功能。首先是价值的稳定性。自从20世纪80年代中期以来，美元一直维持着较低而稳定的通货膨胀水平。其次是流动性。美国金融市场是世界上最具流动性的市场。再次是安全性。美元资产被市场认为是非常安全的，一般而言，美元是一种"避险货币"，尤其是在世界经济受到重大冲击时，各国大量购买美元债券以保证资产安全。最后是最后贷款人功能。在金融危机期间，美联储与十四个中央银行建立货币互换，为这些国家的金融体系提供美元流动性支持。

美元在发挥上述作用的同时，被普遍认为获得了高额的铸币税收益。由于美元的国际货币地位，美国政府大量发行美元。新兴经济体与石油出口国大量持有美元，实际上就是在向美国交纳铸币

[①] 数据来自 IMF 网站，http：//data.imf.org/? sk = E6A5F467 - C14B - 4AA8 - 9F6D - 5A09EC4E62A4。

税。但也有一些学者经测算认为，美国从中获得的实际铸币税收入并不高。Bernanke 认为这一部分的利息节省在每年 200 亿美元左右，只占美国国内生产总值的很小一部分。① 即使美国公司在国际交易中面临较低的汇率风险，但是由于美元对大多数贸易国的汇率是浮动的，铸币税的收益不应夸大。更早时期 Krugman 的测算也认为这一补贴对巨大经济体来说是微不足道的。②

虽然美国顶尖学者的测算认为美元铸币税收入相比美国经济体量非常小，但他们采用的是静态模型中的测算。他们仅仅测算了在海外流通的美元铸币税收益，并没有在动态模型中测算，如果没有这部分海外需求，美元的汇率及利率水平会发生多大的变化。而这一变化是会加之于所有美元资产上的，相比美国经济体量不可小觑。

二 特里芬两难与国际货币发行国的国际收支

20 世纪 60 年代，经济学家特里芬在其《黄金与美元危机——自由兑换的未来》一书中指出"由于美元与黄金挂钩，而其他国家的货币与美元挂钩，美元虽然取得了国际核心货币的地位，但是

---

① Bernanke, B. S. (2016), "The Dollar's International Role: An 'Exorbitant Privilege'?" https://www.brookings.edu/blog/ben-bernanke/2016/01/07/the-dollars-international-role-an-exorbitant-privilege-2/.
② Krugman, P. (2013), "Godwin and the Greenback". https://krugman.blogs.nytimes.com/2013/10/22/godwin-and-the-greenback/.

第二章 | 人民币国际化对中国金融安全的影响:政治与宏观经济视角

各国为了发展国际贸易,必须用美元作为结算与储备货币,这样就会导致流出美国的货币在海外不断沉淀,对美国来说就会发生长期贸易逆差;而美元作为国际货币核心的前提是必须保持美元币值稳定与坚挺,这又要求美国必须是一个长期贸易顺差国。这两个要求互相矛盾,因此是一个悖论。"[1]

任何一种主权货币在成为国际货币后,本质上就要面临货币供给与货币稳定之间的矛盾。"二战"之后美国的经济和军事实力跃居全球首位。于是,在1944年7月召开的"联合国国际货币金融会议"通过了《布雷顿森林协定》。该协定的核心内容为双挂钩制度,即美元同黄金挂钩,其他国家的货币同美元挂钩。以美元为国际储备中心货币的布雷顿森林体系确立。在20世纪40年代后半期,与美国巨大的经济差距使得其他国家难以在没有美国帮助的情况下获得美元。到了50年代末,由于以美元计价的出口增加,全球美元短缺已经结束。以德国和日本为代表的国家开始积累大量经常账户盈余,美元官方储备快速增加。这意味着美国对非居民的货币负债持续累积。到20世纪60年代初,美国对非居民的货币负债已经超过了美国黄金持有量。[2] 20世纪60年代末,越南战争的爆

---

[1] Triffin, R. (1960), *Gold and the dollar crisis: the future of convertibility* (New Haven: Yale University Press).

[2] Smaghi, L. B. (2011), "The Reform of the International Monetary System", BIS paner, http://www.bis.ong/review/r11122/c.pdf.

发使得美国的国际收支进一步恶化。布雷顿森林体系于20世纪70年代初最终崩溃。

布雷顿森林体系崩溃后，经过国际货币基金组织的协商和讨论，全球建立了仍然以美元为中心，英镑、日元和欧元等货币在国际储备体系中占据一定地位的多元储备体系，即所谓的牙买加体系。在牙买加体系下，虽然美元不需要与黄金挂钩，但"特里芬难题"仍然不可避免。新兴市场国家的快速追赶，同样导致对美国的经常账户盈余，同样转化为持续增长的美元官方储备。然而，与布雷顿森林体系不同的是，这一矛盾还未如不少学者警告的那样真正转变为美元币值危机。虽然不断累积的全球失衡是2008年次贷危机的一个重要背景，但这次危机并没有冲击美元体系，反而在危机期间美元流动性紧缺，美元币值进一步得到了巩固。

在人民币国际化稳步推进的同时，中国也将逐步面临特里芬两难问题。传统的特里芬两难是对国际清偿力的需求无法长久地依靠中心货币发行国的经常账户逆差输出来满足。而欧元、英镑、日元等次中心货币，其发行国经常项目是顺差还是逆差并不确定。在未来较长一段时期，人民币国际化的路还很长，中国当前不会面临很严重的传统意义上的特里芬两难问题。当前人民币国际化面临的特里芬两难表现在两个方面。一方面是如何在维持贸易顺差的基础上实施货币输出。人民币要实现国际化，就必须实现在境外自由流通，成为第三方广泛使用的计价、结算和储备货币。在维持贸易顺差的基础上实施货币输出，实际上主要是通过进出口贸易中人民币结算比率的差异来实现，即进口中人民币结算比率明显高于出口中这一比率。这意味着进口使用美元结算更少，进一步加剧我国的对外资产负债表上的货币错配。另一方面是海外对人民币的需求上升，可能使得人民币均衡汇率相对基准状态偏高，这也可能会对我国的出口行业造成一定负面影响。

三　全球安全资产需求与国际货币发行国债务积累

全球安全资产是指在全球金融市场中历史违约率低、信用评级高的金融资产，一般包括获得AAA信用评级的发达国家主权债券、多边金融机构债券和高等级公司债券。安全资产是全球金融体系的基石，它是银行、官方外汇储备管理机构和主权财务基金进行资本保值的重要工具，是私人部门和中央银行回购市场及场外衍生品市场上的抵押品，还是资产定价中的基准证券，是各国央行调节系统流动性、刺激经济活动的重要手段。

各国政府和私人机构及投资者为保证资产的安全性和便利性，大量持有安全资产。特别是在世界经济受到冲击时，安全资产可以确保流动性和满足金融监管的各项要求。长期以来，美国、德国和日本国债被视为全球金融资本的避险港湾，被广泛用于借款担保。因此，美元、欧元、日元等也成为各国外汇储备中的主要币种。美国次贷危机和欧洲主权债务危机发生后，国际信用评级机构对主权信用评级普遍下调，监管部门不断提升对安全资产的金融监管标准，进一步推动全球安全资产需求不断攀升。

另外，被视为安全资产的产品种类减少，主权债务供给大幅下降。国际货币基金组织 2012 年的统计显示：作为安全资产的最主要来源，发达国家主权债务的 AAA 评级比例由 2007 年底的 68% 下跌至 2012 年 1 月底的 52%。新兴经济体自身 AAA 级主权债务十分缺乏，A 级主权债务由危机前的 25% 下降到危机后的 17%。[1] 而且新兴经济体缺乏运行良好的金融体系，包括法律制度和产权在内的市场基础设施建设不完全，无法向全球提供大量的安全资产。这样的变化一度使得全球安全资产市场的供求关系严重失衡，酝酿了全球金融稳定性风险，提高了短期剧烈波动的频率。

而全球安全资产还主要依靠公共部门提供。Gourinchas 和 Jeanne 认为安全资产供应的问题不是因为数量不足，而是对于安全资产的界定难以捉摸。[2] 在过去，安全资产被定义为中央银行负债和政府债务。随着资产证券化的发展，在美国新的资产类别也被当作安全资产（例如 MBS 的高信用级别证券）。但这些新资产在一定程度上还较脆弱，因为私人资产不足以承受总体性冲击。欧债危机

---

[1] 孙立坚、吴金铎：《揭开全球"安全资产"缺失之谜》，《世界经济研究》2013 年第 7 期。

[2] Gourinchas, P. and Jeanne, O. (2012), "Global Safe Assets", BIS Working Papers, No.399, Bank for International Settlements.

期间甚至一些政府债券也失去了安全资产的地位。由于这些界限的变化，安全资产的定义变得模糊，导致人们认为没有哪种资产是安全的。相对而言，高信用政府债务本质上仍然是一种安全资产，私营部门债权仍存在危险性，这是因为对私营部门的索赔本质上是有风险的，它们无法为安全资产提供良好的基础。政府部门仍然是提供安全资产的最佳候选人。

作为国际货币的发行国，自1980年开始，美国发行国债的规模屡创新高，未偿还的债务额越来越多。尤其是2008年美国次贷危机发生后，美国政府为挽救经济，2009年美债发行额达到7473亿美元，较上一年增长约43%；年底美国国债总额为12.3万亿美元，较上一年增加1.6万亿美元。2012年第四季度后，美国联邦政府债务占GDP的比重就达到100%以上。到2017年第三季度末，美国联邦政府债务总额升至20.2万亿美元[①]。令不少美国学者忧心忡忡的是，在美国国债的持有者中，海外和国际投资者占比近乎半壁江山。他们担心一旦出现某种特殊事件触发预期逆转，导致海外和国际投资者集体大规模减持美国国债并换汇离开美国市场，将引发美国金融市场和美元的剧烈动荡。在他们看来，高额的政府债务和高境外持有比重，仿佛是悬在美国金融体系和美国经济头顶上的达摩克利斯之剑。

---

① 数据来自FRED Economic Data，https://fred.stlouisfed.org/。

在人民币国际化的开展中,中国国债也将逐步在全球安全资产供应中发挥越来越重要的作用。特别是在纳入SDR后,人民币在全球储备体系中的地位得到明确的认可,境外长期投资者开始积极地将人民币安全资产纳入其资产组合。当前境外央行、国际金融组织、主权财富基金投资我国的银行间市场已无额度限制,亦没有持有期限和最低持有量的要求。近年来,境外持有国内人民币债券的规模在迅速上升,2010年仅为178亿美元,而2016年末已扩张至2159亿美元。① 据德意志银行预测,到2020年境外持有国内债市的比例或达10%,而这其中相当部分将投向中国国债。虽然相比于美国超过5万亿美元的境外国债持有总量,中国还存在巨大差距,但这一新增的需求相对于中国的国债市场规模无疑仍是显著的。这一方面意味着中国财政能以更低廉的资金成本为赤字融资,另一方面由于国债市场在金融市场中发挥着非常重要的定价基准功能,这也意味着中国金融体系和宏观经济管理将面临境外国际投资者更高的要求和更多的挑战。

第四节　假币、洗钱与恐怖主义

随着货币国际使用的提升,以该货币为载体从事非法活动也将

---

① 数据来自Wind数据库。

第二章 人民币国际化对中国金融安全的影响：政治与宏观经济视角

成为货币发行国需要面对的一项危害性极大的风险。此类非法活动集中表现为制造假币、洗钱甚至使用该货币从事恐怖主义活动等。

由于国际认可度高，伪造该货币利益较大，而且国际犯罪团伙通常在境外伪造货币，打击这类犯罪行为的难度相比于境内犯罪更为艰难。以美元为例，由于美元在全球贸易投资中的核心地位，美钞是假币制造者最青睐的货币。据美国国家科学院估计，目前在世界各地流通的美钞，每1万张当中就有1张是伪钞。[①] 同时，根据负责调查和打击美元伪钞的美国特勤局的估计，全球60%左右的美元假钞源自美国国土之外的秘鲁。打击假币的执法和司法成本相当高昂。譬如在2016年一项代号"日落行动"的调查中，美国特勤局与秘鲁警方破获一起涉及3000万美元的假钞案，但这一行动动员了1500名秘鲁警察，进行了54项搜查并逮捕了48人。[②]

欧元诞生以后，很快也面临类似问题。虽然欧元于2002年才开始流通，但欧元假钞几乎立即就出现了。据欧央行统计，2002年欧央行查处的假钞数量就达25.1万张，2014年已上升至83.8万张。近两年来，欧央行所发现的假币数量有所下降，2015年和

[①] https://www.federalreserve.gov/boarddocs/rptcongress/counterfeit/default.htm.

[②] https://www.washingtonpost.com/news/post-nation/wp/2016/11/22/they-make-fake-money-worth-more-than-cocaine-the-u-s-just-recovered-30-million-of-it/.

2016年分别为89.9万张和68.4万张，在一定程度上说明欧央行打击假币和提高防伪技术的工作取得了阶段性成效。但假钞的防治工作是一项持续的战斗。现在所被发现的欧元假币中，80%为20欧与50欧这些相对小面值的纸钞。① 小面值钞票使用频率高、范围广，公众对小面值假钞的辨别能力也相对较低。

洗钱活动的风险也可能伴随着货币国际使用程度的提高而增加。洗钱涉及的常见犯罪活动包括毒品犯罪、黑社会性质的组织犯罪、恐怖活动犯罪、走私犯罪、贿赂犯罪等。跨国犯罪活动的洗钱过程中通常会涉及国际通行货币及金融体系。巴塞尔银行法规及监管实践委员会从金融交易的角度将洗钱定义为，"犯罪分子及其同伙利用金融系统将资金从一个账户向另一个账户做支付或转移，以掩盖款项的真实来源和受益所有权关系；或者利用金融系统提供的资金保管服务存放款项"。洗钱手段变化多端、错综复杂，但整个过程一般都会涉及三个阶段。首先是存放，即将犯罪收入放入金融体系；其次是掩藏，即将此收入转换形式；最后是整合，即经不同掩饰后，将清洗后的财产融入经济体系。

由于缺乏数据资料，洗钱活动的规模很难得以精确测算，国际机构中IMF曾于1998年估计洗钱规模大概占全球GDP的

---

① ECB (2016), "Euro Banknote Counterfeiting Declines in First Half of 2016". https://www.ecb.europa.eu/press/pr/date/2016/html/pr160722.en.html.

2%~5%。2011年联合国毒品与犯罪办公室（UNODC）估计全球所有的犯罪收入约占GDP的3.6%（2.3%~5.5%），而与此相关的洗钱规模大约占全球GDP的2.7%（2.1%~4%）。①

随着金融活动全球化的发展，跨境洗钱活动越发猖獗。但是，不同金融产品领域及不同国家仍存在不同的监管标准和实践，跨领域和跨国的信息共享渠道极其有限，这使得洗钱活动的跨国追踪极其复杂和困难。2012年美国参议院的一份调查报告认为，汇丰这样的全球性银行在其全球运营中控制洗钱活动存在"系统性失灵"问题。即便在汇丰的全面配合下，美方有关调查也花了5年之久。②当银行监管趋严，合规进一步加强后，又会推动洗钱进入非金融企业。这些企业数量庞大，更难以监控。根据UNODC于2011年的估计，通过金融系统的洗钱活动中约70%与跨国有组织犯罪有关，而全球仅有不到1%的洗钱活动被抓获冻结。

巴塞尔治理研究所对全球149个国家所面临的洗钱风险编制了AML（Anti-Money Laundering）指数。该指数并不是基于对已发生洗钱规模的测算，而是基于来自反洗钱金融行动特别工作组（FATF）、透明国际、世行以及世界经济论坛等机构的14个公开指

---

① UNODC（2011），"Estimating Illicit Financial Flows Resulting from Drug Trafficking and other Transnational Organized Crimes". https：//www.unodc.org/documents/data-and-analysis/Studies/Illicit_financial_flows_2011_web.pdf, October.
② 〔英〕约翰·保罗·拉思伯恩：《毒贩如何在汇丰洗钱？》，《金融时报》中文网，2012年8月1日，http：//www.ftchinese.com/story/001045788?full=y。

标建立，旨在反映一国反洗钱及反恐怖主义融资的政策框架及其他相关影响因素。该指数越高，表示一国所面临的潜在洗钱风险越大。

从表2-2中可见，按照这一度量方式，目前中国的洗钱风险的确比不少新兴经济体及发达经济体要严重很多。中国目前在榜单上排名第39位，属于前30%的高风险国家；土耳其、巴西、墨西哥、南非等新兴经济体则分别排名第47、56、79、117位；发达经济体普遍在90名以后。而在人民币国际化的过程中，随着人民币境外流通和使用越来越广泛，国内外金融渠道联系的密度和复杂度大大增加，如果不能有效防控，与人民币有关的洗钱风险会明显上升，将成为中国金融安全和国际经济治理中的重要问题。

表2-2 主要经济体洗钱风险 AML 指数一览

地区	排名	指数	地区	排名	指数
中国	39	6.70	德国	92	5.33
土耳其	47	6.55	美国	97	5.17
巴西	56	6.23	法国	103	5.03
日本	76	5.76	加拿大	105	5.00
墨西哥	79	5.60	澳大利亚	106	4.99
中国香港	85	5.51	韩国	110	4.92
意大利	90	5.36	南非	117	4.86
沙特阿拉伯	91	5.34	英国	121	4.77

资料来源：巴塞尔治理研究所。

第三章
人民币国际化对中国金融安全的影响：市场与机构视角

第一节　银行体系

一　人民币国际化通过银行体系影响中国金融安全的主要机制

这一部分将具体分析人民币国际化通过银行体系影响中国金融安全的微观机制，从银行业务和监管改革两个角度展开。

（一）对银行业务的影响

人民币国际化使中资商业银行的业务更加多元化，分散了其业务风险。首先，商业银行的国内业务得到扩充。2009年以来，人民币在跨境贸易和对外投资中的使用大幅增加：2014年经常项目人民币结算金额6.55万亿元，对外直接投资人民币结算金额1865.6亿元，人民币跨境收支占本外币跨境收支的比重已达23.6%。与之相应，国内从事进出口和对外投资业务的企业越来越多地通过中资银行开展跨境人民币结算、清算、汇兑和融资等业务。其次,中资商业银行的境外业务也迅速扩展。人民币境外资金池的扩大使存款需求相应增加,2015年境外人民币存款余额已超过2万亿元。人民币跨境贷款也取得突破,从2013年试点至2017年3月末,广州南沙、深圳前海和珠海横琴新区已有229家企业办理了跨境人民币贷款业务,汇入贷款金额415.4亿元①。最后,中资银行面向境外客户的人民币结算、清算、汇兑、理财、拆借等中间业务的规模也显著提升。以中国银行为例,其在2009年以后的非利息收入比和非存款负债率都得到明显提升,其业务呈现越来越强的多样化特点(见图3-1)。

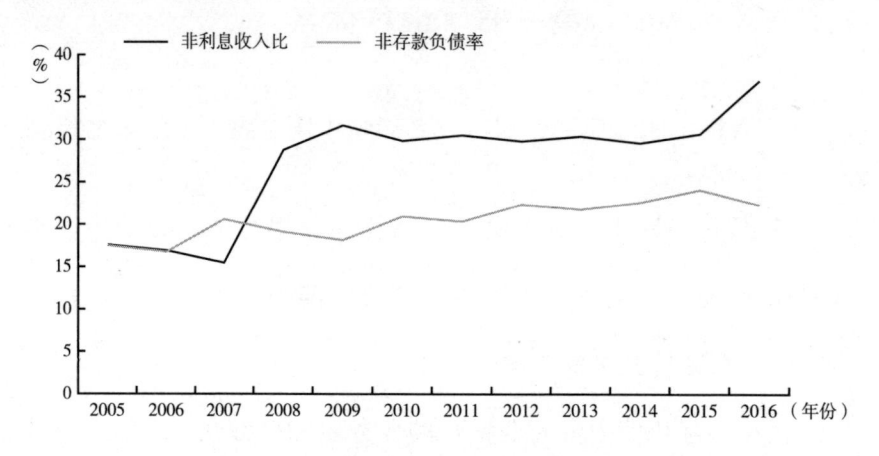

图3-1 中国银行的业务越来越多元化

资料来源:中国银行历年年报。

---

① 李刚:《广东自贸区企业资金成本最多下降三成》,《人民日报》2017年4月24日第10版,http://epaper.xxsb.com/showNews/2017-04-28/374455.html。

第三章 | 人民币国际化对中国金融安全的影响：市场与机构视角

人民币国际化还能改善商业银行人民币资金的周转效率，降低流动性风险。流动性风险是指商业银行因资金来源不足，未能满足客户合理的信贷需求或其他即时的现金需求而引起的风险。随着人民币国际化的深入，国内外人民币资金的供给和需求都将相应增加，促使人民币的流通更频繁、周转更有效。从而，当个别商业银行出现流动性需求时，可随时向国内同业机构拆借或在国际市场上筹得资金。从图3-2可以看到，2009年以来中资银行的流动性比

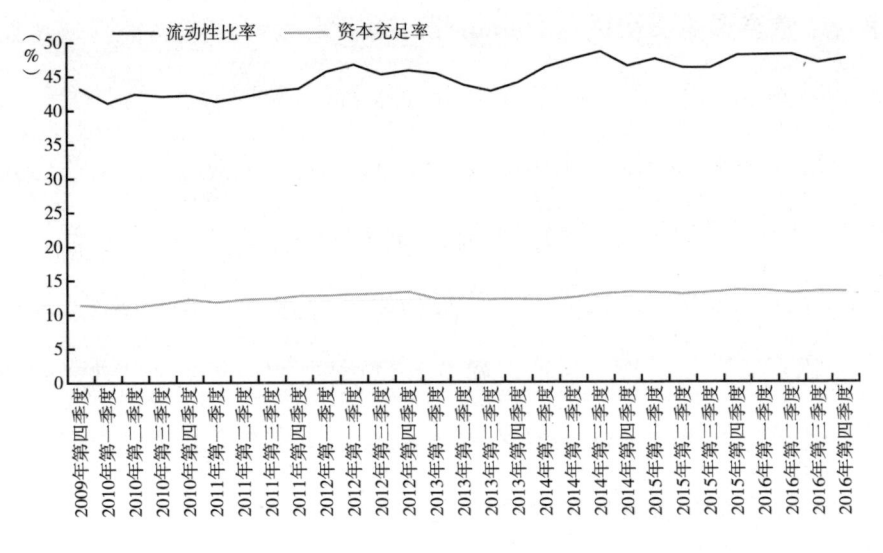

图3-2 中国银行业流动性比例和资本充足率情况[1]

资料来源：银监会。

---

[1] 我国自2013年1月1日起施行《商业银行资本管理办法（试行）》（简称《新办法》）。由于《新办法》下资本充足率的计算方法更严格，比如新增操作风险资本要求、对合格资本工具采用更严格定义、对信用风险权重进行调整、取消市场风险的计算门槛等因素，按《新办法》计算的资本充足率总体有所下降。

率和资本充足率均呈现总体上升趋势，说明伴随着人民币国际化他们拥有了更多资本或者能够更高效地筹集资金以应对突发的流动性冲击，进而有助于保障国内的金融安全。

人民币国际化缓解了中资商业银行的资产错配问题，大幅降低了汇率风险。商业银行的汇率风险主要由货币错配引起，即银行的资产和负债因计价货币不同而在汇率波动时面临价值增减的不确定性。由于国内资本市场和本国货币信用的缺陷，发展中国家的商业银行常常需要承受更大的货币错配风险。近年来，人民币国际化使人民币债券发展迅速，因此中资商业银行能够便捷地在海外发行人民币债券（点心债）。例如，中国银行、建设银行和工商银行在2014~2016年均发行了约200亿元的点心债。这极大地改善了中资银行过去资产以人民币为主、负债以外币为主的错配局面，外汇敞口显著降低（见图3-3）。随着人民币国际化的持续推进，中资商业银行的货币错配问题将进一步减轻，汇率波动也就很难再直接通过银行体系妨害我国的金融安全。

人民币国际化还为中资银行提高国际竞争力创造了机遇，使中国银行业能够越来越主动地在全球施加影响。从国际经验来看，一国货币的国际化会推动其银行在世界经济中扮演"全球银行"的角色。[1]

---

[1] 潘英丽：《人民币国际化的全球银行模式》，《金融时报》中文网，2015年4月14日，http：//www.ftchinese.com/story/001061522。

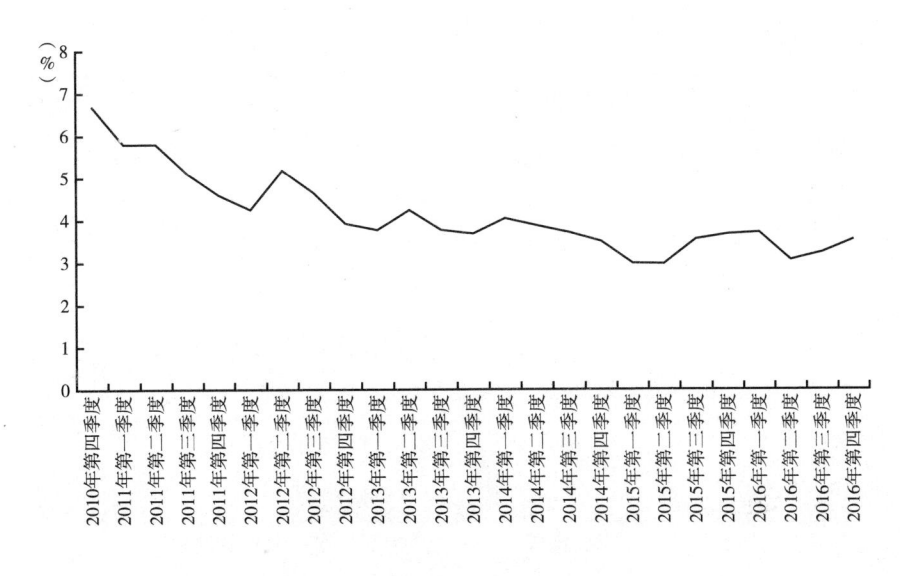

图 3-3　累计外汇敞口头寸比例

资料来源：银监会。

当前，该角色由美资银行扮演，这使得美国的企业和金融机构具有在全球范围有效配置资源的能力，包括强大的全球投资、经营和风险管理的能力等。人民币国际化使中资银行也有机会向这一目标努力。截至 2016 年底，主要中资银行已设立了 21 个境外人民币清算行（见表 3-1）。根据国际清算银行（BIS）的报告，2016 年中国推高了全球贷款，并且亚洲以外的人民币交易继续扩张。可以预见，随着人民币国际化的推进，中资银行将在为全球经济活动提供流动性、在全球范围内实现资本有效配置以及促进全球经济平衡发展等方面发挥越来越重要的作用，从而有能力通过在全球市场施加影响而主动地维护国内的金融安全。

表 3-1 境外人民币清算行一览

时间	国家和地区	清算行
2003 年 12 月	中国香港	中国银行(香港)有限公司
2004 年 9 月	中国澳门	中国银行澳门分行
2012 年 9 月	中国台湾	中国银行台北分行
2013 年 2 月	新加坡	中国工商银行新加坡分行
2014 年 6 月	英国	中国建设银行伦敦分行
2014 年 6 月	德国	中国银行法兰克福分行
2014 年 7 月	韩国	交通银行首尔分行
2014 年 9 月	法国	中国银行巴黎分行
2014 年 9 月	卢森堡	中国工商银行卢森堡分行
2014 年 11 月	卡塔尔	中国工商银行多哈分行
2014 年 11 月	加拿大	中国工商银行(加拿大)有限公司
2014 年 11 月	澳大利亚	中国银行悉尼分行
2015 年 1 月	马来西亚	中国银行(马来西亚)有限公司
2015 年 1 月	泰国	中国工商银行(泰国)有限公司
2015 年 5 月	智利	中国建设银行智利分行
2015 年 6 月	匈牙利	中国银行匈牙利分行
2015 年 7 月	南非	中国银行约翰内斯堡分行
2015 年 9 月	阿根廷	中国工商银行(阿根廷)有限公司
2015 年 9 月	赞比亚	中国银行赞比亚分行
2015 年 11 月	瑞士	中国建设银行苏黎世分行
2016 年 9 月	美国	中国银行纽约分行

资料来源：中国人民银行、第一财经[①]。

[①] 李静瑕：《人民币清算行落地美国：完成全球重要版图布局》，第一财经网，2016 年 9 月 21 日，http://www.yicai.com/news/5112366.html。

不过，人民币国际化在给中资银行带来更多客户的同时，也使其面临更强的信息不对称问题，从而提升了经营风险。例如，在贸易结算业务中，商业银行需要承担跨境人民币结算贸易真实性的审核职能；在人民币境外贷款业务中，商业银行则需要加强对境外机构的风险识别能力，并建立境内外机构信息资源共享平台。另外，人民币国际化还使商业银行开展资产负债管理的难度加大。来自国际市场的资产和负债比例的提升，对商业银行的市场前景预测能力形成新的考验，也对其适度运用自有资金和拆借资金、科学安排资金投放、合理确定资金价格的能力提出更高要求。①

人民币国际化还将倒逼资本账户的开放，而这将加剧中资银行业务的波动性。特别是当国内外市场出现非正常变化时，跨境资本流动的规模和频率在短期内都将大幅上升，从而对商业银行一些周期短、敏感性高的业务造成很大的冲击，甚至可能使银行面临资产价值缩水、资本短缺和不良贷款率飙升等问题。例如，人民币国际化以来我国商业银行的结售汇规模一直稳步增长，但是2015年"8·11汇改"后的人民币贬值导致银行的结售汇业务突然剧烈波动，直到央行在年底加强了资本管制才有所缓解（见图3-4）。从国际经验来看，金融开放在短期内会带来资本流动波动与外部市场

---

① 中国工商银行"人民币国际化"课题组：《人民币国际化发展与中资商业银行战略机遇》，《金融论坛》2011年第9期。

冲击，有时会引起国内银行体系的不稳定，甚至有可能造成整个国家的经济萧条。①

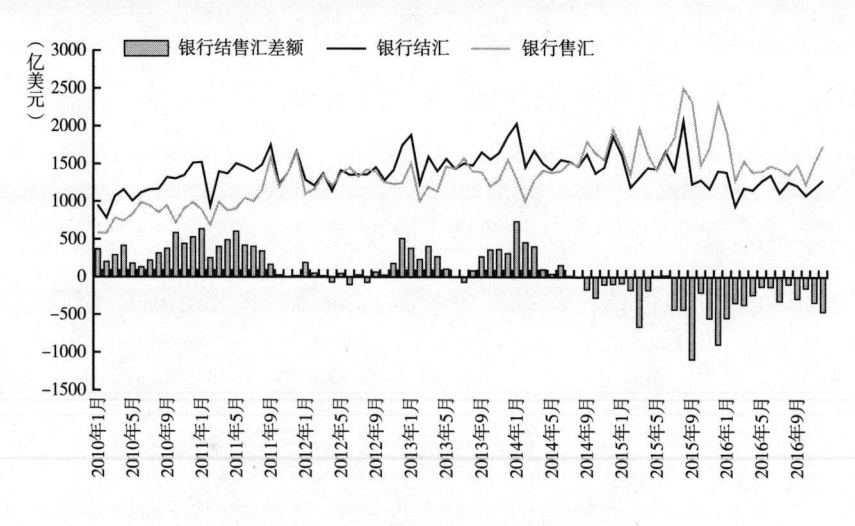

图 3-4　中国商业银行结售汇情况

资料来源：Wind 数据库。

（二）对监管改革的影响

一方面，人民币国际化驱使监管当局不断改良国内银行业的制度环境，有利于中国金融市场的稳健发展。2009 年以来，银监会②不断加强和细化国内银行业的监管措施以规范商业银行运营、强化

---

① Agenor, P. R. (2003), "Benefits and Costs of International Financial Integration: Theory and Facts", *World Economy*, 26 (8), 1089 – 1118. Kaminsky, G. L. and Schmukler, S. L. (2008), "Short-Run Pain, Long-Run Gain: Financial Liberalization and Stock Market Cycles", *Review of Finance*, 12 (2), 253 – 292.
② 2018 年 3 月 21 日，银监会和保监会合并为银保监会。本书中涉及此日期前的银行业监管部门延用"银监会"称谓。

风险管理（见表 3-2）。首先，中资银行境外业务的相关制度得到补充和完善，有助于防范人民币国际化过程中的风险。例如，2009年出台的《跨境贸易人民币结算试点管理办法》和2010年发布的《银行业金融机构国别风险管理指引》等。其次，国内银行业的对外开放力度加大，以促进境外银行参与和推动人民币国际化。例如，2014年出台的《外资银行行政许可事项实施办法》和2017年发布的《关于外资银行开展部分业务有关事项的通知》。最后，针对国内商业银行经营活动的监管规定更加明确和细化，以规范运营和控制风险。2009年以来，银监会先后出台了有关银行声誉风险、流动性风险、利率风险等方面的管理规定。

表 3-2 人民币国际化战略实施以来银监会出台的主要政策措施

时间	政策措施
2009 年 7 月	《跨境贸易人民币结算试点管理办法》
2009 年 8 月	《商业银行声誉风险管理指引》
2009 年 9 月	《商业银行流动性风险管理指引》
2009 年 11 月	《商业银行资本充足率信息披露指引》
2009 年 11 月	《商业银行银行账户利率风险管理指引》
2010 年 1 月	《商业银行资本充足率监督检查指引》
2010 年 6 月	《银行业金融机构国别风险管理指引》
2010 年 8 月	《银行业金融机构外部审计监管指引》
2011 年 1 月	《银行业金融机构衍生产品交易业务管理暂行办法》（修订）
2011 年 4 月	《关于中国银行业实施新监管标准的指导意见》
2011 年 6 月	《商业银行杠杆率管理办法》

续表

时间	政策措施
2012年6月	《商业银行资本管理办法(试行)》
2012年12月	《关于商业银行资本工具创新的指导意见》
2013年7月	《商业银行公司治理指引》
2014年1月	《商业银行全球系统重要性评估指标披露指引》
2014年1月	《商业银行流动性风险管理办法(试行)》
2014年9月	《商业银行内部控制指引》(修订)
2014年9月	《外资银行行政许可事项实施办法》
2015年3月	《商业银行并购贷款风险管理指引》(修订)
2015年7月	《中华人民共和国外资银行管理条例实施细则》(修订)
2016年4月	《商业银行内部审计指引》(修订)
2016年9月	《银行业金融机构全面风险管理指引》
2017年1月	《关于规范银行业服务企业走出去 加强风险防控的指导意见》
2017年3月	《关于外资银行开展部分业务有关事项的通知》
2017年4月	《关于银行业风险防控工作的指导意见》

资料来源：银监会网站。

另一方面，人民币国际化的发展将打通境内外资金的流通渠道，加大监管当局对跨境资金流动的监控难度。这可能使央行货币政策的效力减弱，特别是随着金融脱媒现象的广泛出现，央行对货币供给的控制难度进一步增加。例如，国内的企业和家庭可以通过一些非银行金融机构在境外投资人民币资产以替代国内存款，使国内的货币供给量减少；而当这些资金再次从境外流入国内的银行体系，国内的货币供给又会增加。① 如果货币政策基于对货币和信用的控制而制定，那么这些难以衡量和控制的资金流动就有可能导致货币政策脱离预期目标。而且，人民币国际化还使央行对洗钱、恐怖融资、避税交易等违法活动的监控和管制更加困难。作为国际货币，人民币在世界范围内的流通规模将大幅增加，更加容易被当作违法资金活动的载体。犯罪分子可以利用贸易结算、对外直接投资和离岸市场建立的银行回流机制等渠道，通过多次跨境转移使资金的真实来源隐匿更深。这将不利于监管当局识别违法资金、打击犯罪活动，从而对国内金融安全造成负面影响。

二 小结

银行体系在我国金融市场中举足轻重，必将成为人民币国际化影响中国金融安全的重要载体。总体来看，这些年人民币国际化的稳步推进促进了国内银行业的发展，从长期看对国内金融安全的作用也将是利大于弊。首先，人民币国际化为中资商业银行带来的业务机遇，使其能够分散业务风险、缓解货币错配、减轻流动性风险并增强国际竞争力。其次，人民币国际化促进国内银行业的对外开放，外资银行进入后帮助国内商业银行提升了业务水平和风险管理

---

① He, D. and McCauley, R. N. (2010), "Offshore Markets for the Domestic Currency: Monetary and Financial Stability Issues", Bis Working Papers.

能力。最后，人民币国际化倒逼监管当局不断完善银行体系的监管制度，促进了国内银行业的长期稳健发展。这些正面影响无疑都有助于捍卫国内金融安全。当然，人民币国际化也给国内银行体系的发展带来一些不利影响，从而可能对国内金融安全造成一定的威胁。业务拓展过程中的各种新客户使银行面临更多的信息不对称问题，资本账户的开放和利率的市场化也给银行的风险管理和盈利水平带来了一定的冲击。同时，外资银行的进入使国内银行业不得不面对更加激烈的竞争。此外，日趋自由化的监管环境则加大了监管当局干预市场的难度。不过，随着中资商业银行业务实力的提升和市场制度的不断成熟，上述不利影响也将逐渐得到缓解。

第二节　外汇市场

一　人民币国际化、中国外汇市场发展与金融安全

（一）货币国际化与国内外汇市场发展

货币国际化与一国外汇市场的发展是相互促进、相互影响的。一方面，货币国际化会推动外汇市场的发展。随着一国货币在国际市场上的广泛使用，更多参与者产生的多样化需求会推动国内外汇市场规模壮大和产品完备。更加开放的外汇市场还易引入国际先进的市场经验和技术，建立与国际接轨的市场基础设施。为了满足更

加国际化的需求，货币国际化除了推动外汇市场的自由化发展，还会驱使政府加强市场监管、完善市场制度。另一方面，发达的外汇市场也会对货币国际化形成重要支撑。如果一个国家拥有国际开放程度高、政府干预少的外汇市场，那么其货币显然更容易被境外的机构和个人所接受。而且，随着该国外汇市场规模的扩大和深度的提升、产品和工具的完备，境外主体也会越来越乐于持有和交易该国货币，从而提升该国货币的国际地位。

本节意在探讨货币国际化对本国外汇市场的影响并进而作用于国内金融安全的机制。通常而言，货币国际化的推进会促使更多参与者进入外汇市场，从而提升外汇市场的流动性，增强价格发现功能。更加多样化的需求还将推动外汇市场的产品创新，便于各类市场参与主体开展风险管理活动。同时，货币国际化提升了国内外汇市场的开放程度，有利于通过外资机构将先进的业务经验和理念引入国内市场。此外，在货币国际化压力下不断完善的市场制度，还将提升外汇市场抗击风险的能力。从上述各方面来看，货币国际化通过促进外汇市场的发展，显然是有利于国内金融安全的。然而，货币国际化所激励的产品创新可能导致市场参与者的严重损失，因开放程度提升而进入的外资机构则有可能挤占国内机构的市场空间，而且外汇市场制度改革在短期内会造成市场波动，这些都是不利于国内金融安全的因素。可见，货币国际化通过外汇市场影响国内金融安全的机制是复杂的，需要具体深入地分析。

（二）人民币和美元国际化过程中本国外汇市场的发展及比较

1. 人民币国际化过程中的外汇市场发展

我国现代外汇市场始于1994年，并在2005年以后加快了发展的步伐。2005年，我国开始深化外汇市场改革，完善人民币汇率形成机制。当年5月，银行间外汇市场建立起直接联系国际外汇市场的外币对市场，推出 EUR/USD、GBP/USD、USD/JPY 等八个货币对，同时启动外币做市商交易制度。7月，参考一篮子货币进行调节的有管理的浮动汇率制度开始实行，人民币汇率不再钉住单一美元。8月，银行间外汇市场正式推出了人民币外汇远期，成为我国外汇市场上第一个衍生产品。此后，银行间即期外汇市场于2006年1月引入询价交易方式，而人民币外汇掉期和外汇货币掉期则分别于2006年4月和2007年8月推出。

在2009年确立了人民币国际化战略以后，我国外汇市场迎来了加速发展。在产品结构方面，外汇期权于2011年4月在银行间外汇市场上线，于是我国外汇衍生品市场已形成了由远期、掉期、货币互换以及期权四类产品组成的结构体系。在交易币种方面，银行间外汇市场已于近年先后实现了人民币对日元、英镑、澳元、新西兰元、欧元等20余种货币的直接兑换。在市场开放方面，除坚持引入外资银行作为银行间外汇市场会员和做市商外，中国人民银行还于2015年10月开始批准境外央行类机构进入银行间外汇市场，开展外汇即期和各类外汇衍生品交易。在汇率制度方面，中国人民银行于 2010 年 6 月决定进一步推进人民币汇率形成机制改革以增强人民币汇率弹性，2015 年 8 月又宣布改革人民币对美元汇率中间价报价机制以更加真实地反映市场供求关系。

2016 年，我国外汇市场累计成交额 135.2 万亿元。其中，银行间外汇市场的交易规模达到 112.3 亿元，而银行对客户市场的交易规模仅为 22.9 亿元。从产品结构来看，即期、远期、外汇和货币掉期、期权的交易份额分别为 43.52%、1.87%、49.88% 和 4.73%。从币种结构来看，美元兑人民币交易在外汇即期交易中的占比为 82.37%，而其他币种的交易仅占 17.63%。可见，在人民币国际化的推动下，我国外汇市场虽然已经有了显著的发展，但是就规模和结构而言仍然与我国的全球经济地位存在较大差距。

2. 美元国际化过程中的外汇市场发展

"二战"后，同盟国代表于 1944 年在美国布雷顿森林镇共同签署协议，确立了美元的国际货币地位。当时各国货币均采用钉住美元的固定汇率，外汇交易主要由贸易需求主导。由于美国的进出口贸易大多以美元计价结算，美国的外贸企业通常不直接面临货币兑换的问题，而是由贸易伙伴在其国内外汇市场进行货币兑换，因此美国外汇市场这一时期的发展相对缓慢。同时，随着马歇尔计划的实施和美欧贸易的发展，以伦敦为代表的欧洲外汇市场倒是发展迅速。

1973 年布雷顿森林体系解体后，西方主要国家纷纷转而采取浮动汇率制度。货币价格的波动促使投机套利和风险对冲的交易需求大量涌现，加之西方各国金融制度的自由化发展，以及外汇远期、外汇期货等衍生产品的推出，国际外汇交易的规模持续扩张。1978年，美国对外汇市场交易进行了三项改革：一是改变过去银行间外汇交易必须通过经纪人的做法，允许银行间直接交易；二是美国的外汇经纪人开始直接接受国外银行的外汇报价和出价；三是外汇牌价由过去的直接标价法改为间接标价法。这些举措进一步扫清了美国外汇市场发展的障碍，促进了外汇市场业务的扩展。

经过半个多世纪的发展，如今美国已经拥有全球规模第二大的外汇市场。2016年底，北美外汇市场OTC交易的日均规模已达到约9000亿美元。① 由于世界各地的美元交易都要在美国（主要是在纽约）的商业银行账户上收付、划拨，因此纽约外汇市场便成为美元交易的清算中心。而且美国没有外汇管制，对外汇业务经营没有限制，所以外国银行纷纷前往纽约设立分支机构、代理行和代表处。与此同时，美国培养起一批在外汇交易领域独占鳌头的跨国金融机构。在2016年全球10大货币交易商排名中，美国金融机构占据5席，依次为花旗银行、JP摩根、美林银行、高盛银行和摩根士丹利。

---

① Federal Reserve Bank of New York（2016），"Survey of North American Foreign Exchange Volume", October. https://www.newyorkfed.org/medialibrary/Microsites/fxc/files/2017/octfxsurvey2016pdf.pdf.

3. 中国和美国货币国际化过程中外汇市场发展的比较

人民币和美元在国际化发展进程和所处国际环境方面的差异，在一定程度上影响了两国外汇市场的发展，并由此导致国内金融市场面临不同程度的风险。

首先，美元和人民币国际化进程的差异造成了两国外汇市场发展路径及其过程中面临的风险不同。美国在"二战"后的经济地位以及布雷顿森林体系为美元确立的国际货币体系的地位，无可争议地保障了各国货币对美元的兑换需求，从而顺理成章地帮助美国建立起开放的外汇市场。中国则是在国际货币体系已经形成的格局下推进人民币国际化，这意味着要增加人民币的兑换需求，就必然会挤占其他货币在现有体系中的份额。因此，人民币与美元、欧元、日元等现有主要国际货币的竞争实际上决定了中国外汇市场的发展潜力，而竞争压力越大就意味着中国外汇市场发展面临的风险越大。

其次，由于国内外汇市场发展所处的全球金融环境不同，中国和美国利用外汇市场服务于国内金融安全的能力也有所差异。在美元国际化推动美国外汇市场发展的时期，现代国际金融秩序刚开始建立。从汇率制度安排、外汇市场规则到外汇衍生产品创新，都有美国的参与甚至主导。由于美国的外汇市场与国际外汇市场同步发展，其能够掌握更大的主动性，甚至能够根据国内金融安全的需要引导国际外汇市场的规则。中国的外汇市场则到20世纪90年代才起步，近年人民币国际化所带动的发展也只能在西方国家已经设定的框架下推进，不可避免地需要在内部问题与外部制约间权衡，并因此出现反复和波折。在这种被动的局面下，中国在一定时期内还很难积极地利用外汇市场来服务于国内的金融安全。

最后，上述差异也导致两国政府在货币国际化影响国内外汇市场发展过程的干预程度不同。由于美国外汇市场是在美元已经取得国际化地位的前提下发展起来的，美国政府对于外汇市场的发展一直秉持开放态度，始终通过市场化的方式引导外汇市场发展以维护国内的金融稳定。人民币国际化战略则在很大程度上是由我国政府主导和驱动的，并因此对国内外汇市场的发展和开放形成倒逼。在外汇市场制度被倒逼改革的过程中会涌现许多新的问题，我国政府很难单纯地通过做减法加以解决，因此各种干预政策仍在不断出台。由于金融市场是一个复杂机体，牵一发而动全局，政府过多参与市场活动从长远来看将不利于国内金融安全。

二 人民币国际化通过外汇市场影响中国金融安全的主要机制

这一部分将具体探讨人民币国际化通过外汇市场影响中国金融安全的微观机制，从国内机构参与、外资银行进入和监管改革三个角度展开。

（一）国内机构参与

人民币国际化将有助于改善我国外汇市场的参与主体结构，促进外汇市场功能的完善，从而增强外汇市场的韧性。一直以来，我

第三章 | 人民币国际化对中国金融安全的影响：市场与机构视角

国外汇市场都以银行为主要参与者。虽然鼓励非金融企业进入银行间外汇市场的提法早在2005年就已出现，但是目前银行间外汇市场的各类会员中银行机构（包括国内银行和外资银行）的比重仍保持在80%以上（见表3-3），由此导致我国外汇市场一直存在流动性不足、价格发现功能不强的问题。[①] 综观国际外汇市场，银行机构在整个外汇市场的交易比重已经由20世纪90年代的70%左右下降到30%左右[②]，与我国形成鲜明的对比。当然，在人民币国际化的带动下，我国外汇市场的交易主体也有所扩充。例如，嘉实基金和国泰君安两家非银行业金融机构就在2015年获准成为银行间外汇市场会员。因此，相信人民币国际化将促使更多风险偏好不同的主体参与我国外汇市场，从而改善外汇市场的流动性，降低交易成本，并更好地实现价格发现功能。这样的外汇市场在面对冲击时将更具韧性。

同时，多元化的需求也将促使外汇市场的产品更趋完备，便于市场参与者有效管理货币风险。我国外汇衍生品的发展明显落后于西方国家，主要产品都是2005年以后才推出的，而且交易规模增长缓慢。不过，在人民币国际化的带动下，我国外汇掉期交易的规

[①] 管涛：《经济新常态下中国外汇市场建设正当其时》，《上海财经大学学报》2015年第4期。
[②] 黄亚钧：《中国外汇市场面临巨大发展机遇》，和讯网，2016年7月29日，http://book.hexun.com/2016-07-29/185211794.html。

表3-3 银行间外汇市场会员构成（截至2017年6月）

单位：个

	即期会员	远期会员	掉期会员	货币掉期会员	期权会员
国内银行	358	54	54	45	39
外资银行	103	58	58	52	26
境外机构	10	9	9	7	7
财务公司	70	10	10	3	0
信用社	14	0	0	0	0
非银行金融机构	2	2	2	2	2

资料来源：Wind数据库。

模已经在2014年超过即期交易（见图3-5）。2015年，外汇衍生品交易继续保持增长势头，特别是"8·11汇改"后交易额明显提升，在一定程度上体现出这些产品在市场波动时所起到的套期保值和投机套利的作用。目前，我国外汇市场与国际市场相比仍存在外汇远期和期权交易占比过低的结构性问题，不过相信随着人民币国际化的推进和更多参与主体进入市场，未来我国汇率风险管理工具的运用将越来越合理化。

不过，衍生品交易的不当运用也可能给外汇市场带来风险隐患。由于我国许多金融机构和企业对于外汇衍生品的运用缺乏经验，在开展风险管理活动的初期难免出现失误。虽然目前这类风险事件在我国外汇市场还鲜有发生，但是我国企业已经在国际市

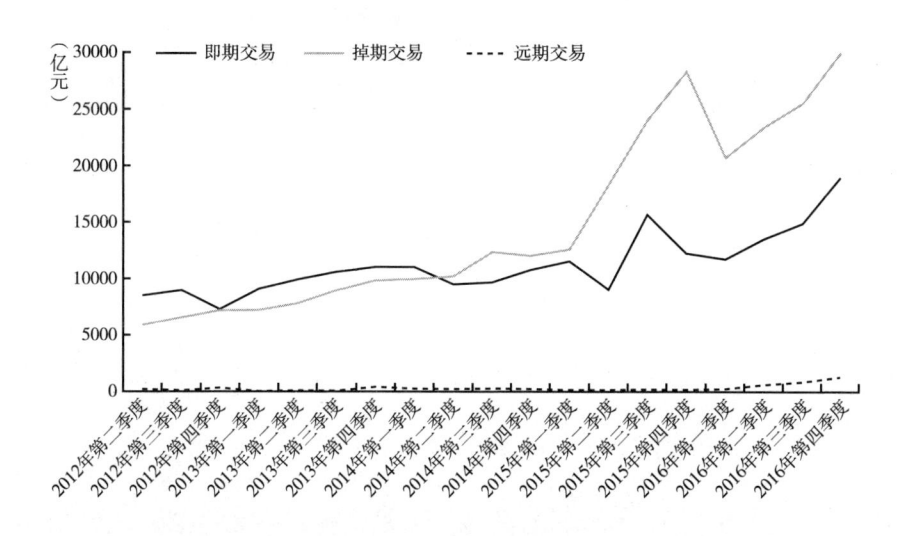

图 3–5　2012 年以来人民币外汇即期、掉期和远期交易规模的变化趋势

资料来源：Wind。

场上有过惨痛的教训。2008 年，中信泰富为规避在澳大利亚经营铁矿所面临的外汇风险，购买了澳元的累计外汇期权合约（Accumulator）。由于该产品包含了"敲出障碍期权"、"双外汇选低期权"与"看跌期权"，复杂的定价机制和对冲机制使中信泰富难以评估产品的价值和对应的风险，并因此在当年遭遇了超过 100 亿港元的巨额亏损。[①] 其实，即便是身经百战的金融机构，如果缺乏严格的内控监管也很可能因衍生产品而崩塌，例如英国老牌贵族银行巴林银行。因此，在人民币国际化推动我国外汇市场发

---

① 丁洪：《中信泰富外汇衍生品投资亏损案例分析与启示》，《南方金融》2009 年第 3 期。

展的过程中，需要加强各类市场参与者的风险意识和内控机制建设，才能真正确保国内金融市场的安全。

（二）外资机构进入

人民币国际化提升了我国外汇市场的开放程度，便于外资机构将先进的业务经验和理念引入国内市场，不过其业务也可能挤占国内机构的市场空间并造成市场风险。

境外金融机构的参与能够带来先进的业务经验，帮助我国完善外汇市场的基础设施和运作机制。在我国外汇市场引入做市商制度的过程中，外资银行就发挥了重要的作用。2005年5月，我国正式启动外币做市商交易制度，在首批9家做市商机构中，有7家是外资银行。他们凭借专业的外汇业务经验，帮助我国外汇市场顺利引入了美元兑港元、欧元兑日元等8个新的外汇交易品种。近年来，在人民币国际化的推动下，我国外汇市场开始引入人民币对欧元、日元、澳元等货币的直接交易，而在这些交易的做市商中均可以看到外资银行的身影（见表3-4）。此外，我国近年来也加大了对银行间外汇市场会员机构的开放力度。2015年10月，境外央行类机构被获准进入银行间外汇市场，开展外汇即期和各类衍生品交易。截至2017年6月，境外机构和外资银行在人民币外汇即期会员中的占比已超过20%，在远期和掉期等主要衍生品市场会员中的比重更是超过了50%（见表3-3）。

表 3-4　银行间外汇市场做市商构成（截至 2017 年 6 月）

单位：个

	国内银行	外资银行	合计
人民币外汇即期	19	13	32
人民币外汇远期	17	10	27
人民币兑欧元	9	6	15
人民币兑日元	5	5	10
人民币兑澳元	7	5	12
人民币兑新西兰元	5	5	10
人民币兑新加坡元	7	6	13
人民币兑瑞士法郎	8	4	12
人民币兑加拿大元	7	3	10
人民币兑吉林特	3	2	5
人民币兑卢布	3	1	4
人民币兑南非兰特	9	3	12
人民币兑韩元	6	8	14
人民币兑阿联酋迪拉姆	5	2	7
人民币兑沙特里亚尔	5	2	7
人民币兑匈牙利福林	4	1	5
人民币兑波兰兹罗提	4	1	5
人民币兑丹麦克朗	7	2	9
人民币兑瑞典克朗	9	3	12
人民币兑挪威克朗	8	2	10
人民币兑土耳其里拉	4	2	6
人民币兑墨西哥比索	5	1	6

资料来源：中国外汇交易中心网站。

另外，外资银行的进入也可能挤占内资银行的业务空间，部分跨境业务甚至可能会带来风险。凭借在国际外汇市场的丰富经验和良好声誉，外资银行很容易吸引国内市场的高端客户。如汇丰银行、花旗银行等国际大型银行机构已经在全球近百个国家和地区开设了数千家分支机构，积累了丰富的外汇业务经验。一旦国内政策放开，他们便会整合在全球各个市场的成功经验，迅速为国内客户量身定制外汇管理方案。大量高净值客户选择外资银行的服务，这无疑将在一定程度上对内资银行的发展产生不利影响。外资银行的部分跨境业务还可能因不易监管而给国内金融市场带来风险。特别是当外资银行以设立分行的形式进入时，国内分行与境外母行的资金往来有可能造成外汇市场的波动。虽然外资银行的分行原则上受到东道国和母国的双重监管，但是常常因受母行控制太深又不具备独立的法人地位，从而使东道国难以实施有效监管。因此，许多西方国家对于外资银行在国内设立分行都非常谨慎。

（三）监管改革

我们无法判断，近年来央行和外管局实施的汇率形成机制改革和外汇管理制度改革是否意在推动人民币国际化，但是货币国际化的最终实现必然要求汇率在总体上自由浮动和资本账户充分开放（在特殊时期可以有临时管制），这是基本共识。我们下文的分析论述是一种符合学理的思想实验，用以说明人民币国际化对监管改革可能产生的倒逼机制及其利弊。

人民币国际化具有一定的促进汇率机制改革的作用，在短期内可能加大市场波动，但是在长期有利于形成市场化的汇率体系，增强货币政策的独立性，并提升外汇市场抗击风险的能力。

人民银行近年来加大了汇率形成机制的自由化改革，我国外汇市场也因此经历了短时期的波动。2015年8月11日，人民银行宣布调整人民币兑美元汇率中间价的报价机制，做市商参考上日银行间外汇市场的收盘汇率向中国外汇交易中心提供中间报价，以更加真实地反映当期外汇市场的供求关系。然而，这一新举措刚刚实施，美元兑人民币汇率中间价便连续三天跌幅超过1%，整个8月份的跌幅更是超过10%。同时，市场上的购汇需求跳升，银行售汇金额在8月超过2500亿美元，到9月份银行售汇与结汇的差额已经超过1000亿美元（见图3-6）。为了缓解汇率波动和资金大量流出可能造成的冲击，人民银行不得不动用大量外汇储备进行公开市场操作。不过，综观世界上的其他国家，在调整汇率制度时都曾经历过外汇市场波动，例如德国、以色列等。这些国家的经验说明，汇率自由化改革虽然在短期内可能影响金融市场的平稳性，但是只要管理当局措施得当，并不意味着其会危及国内的金融安全。

实际上，汇率制度的自由化改革在长期有助于实现货币政策的独立性并提升外汇市场抗风险能力，因此是有益于国内金融安全的。人民币国际化最终必然要求资本账户充分开放，而根据蒙代尔"不可能三角"，要想保持国内货币政策的相对独立性，只能实行

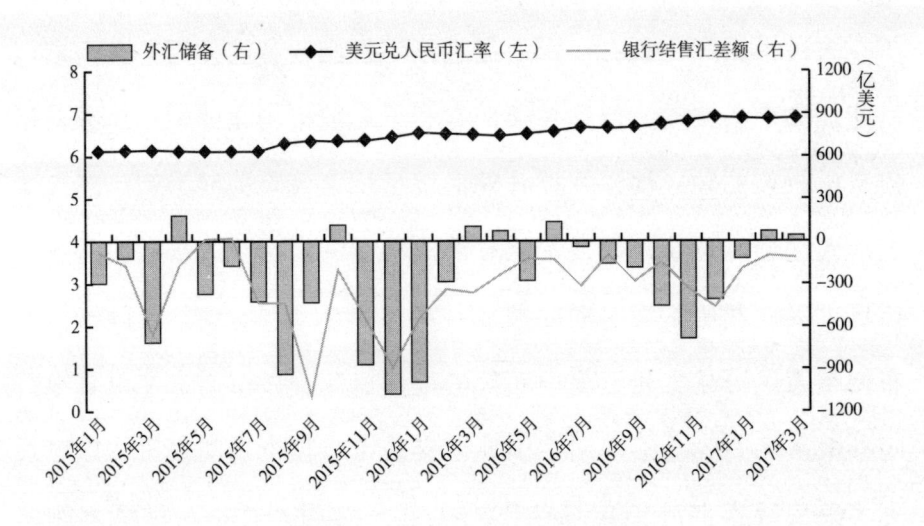

图 3-6　2015 年以来汇率、银行结售汇和外汇储备的月度变化趋势

资料来源：Wind 数据库。

浮动汇率制度。当外部冲击来临时，浮动汇率实际上能起到缓解国际经济冲击和调节国内经济状况的作用。2008 年全球金融危机后，美国迅速实施了量化宽松和降息政策。宽松的货币政策不可避免地造成了美元贬值，但是却因此有利于出口贸易并减轻了外债负担，缓解了美国的外部经济压力。同时，量宽政策释放的流动性还有助于刺激国内经济，使美国经济实现稳步复苏。相比之下，一些实行固定汇率的国家在面临金融冲击时，由于缺乏有效的货币政策工具加以应对，最终演变为金融危机，例如 20 世纪 90 年代的墨西哥金融危机和亚洲金融危机。因此，人民币国际化战略所驱动的汇率制度自由化改革在长期是有利于中国金融安全的。

此外，国家外汇管理局（简称国家外管局）还简化了行政审批手续，并加强了宏观审慎管理。据不完全统计，2009年以来国家外管局已宣布废止和失效近900份外汇管理法规文件[①]，通过行政审批改革和政策法规清理来减轻政府对外汇市场的干预，使市场机制能够更加有效地发挥作用。同时，政府也在针对市场上涌现的新需求及时出台外汇管理的规范性文件，并且不断细化现有政策中监管不到位的地方（见表3-5）。值得一提的是，"8·11汇改"以来国家外管局进一步加强了本外币一体化监管，重点关注境外投资等业务的真实性背景。2016年发布的《关于在全国范围内实施全口径跨境融资宏观审慎管理的通知》，强调了要把握与宏观经济热度、整体偿债能力和国际收支状况相适应的跨境融资水平，控制杠杆率和货币错配风险。可见，随着监管当局不断规范市场环境、深入实施宏观审慎管理，跨境资金的流动风险将得到有效防范，外汇市场也将更加平稳有序地发展。

表3-5 2009年以来国家外汇管理局出台重要政策的主要内容

年份	出台规定的主要内容
2009	境外机构境内外汇账户管理，完善个人结售汇业务管理，境内企业境外放款、境内机构境外直接投资、境内企业内部成员外汇资金集中运营管理
2010	国际开发机构人民币债券发行管理，合作办理远期结售汇业务管理，规范银行外币卡管理，规范境外机构和个人购房管理，境内银行境外直接投资外汇管理

[①] 许婷：《我国外汇管理改革试点不断释放政策红利》，《金融时报》2017年6月7日第3版。

续表

年份	出台规定的主要内容
2011	境内企业外汇质押人民币贷款管理,境内个人投资B股购汇管理,强化国际收支核查,推出人民币对外汇期权交易,扩大贸易信贷调查地区范围
2012	境内个人参与境外上市公司股权激励计划,银行贵金属业务汇率敞口管理,个人本外币兑换特许业务管理,改革货物贸易外汇管理,鼓励和引导民间投资,改进直接投资外汇管理政策
2013	海关特殊监管区域外汇,完善银行贸易融资外汇管理,服务贸易外汇管理,外国投资者境内直接投资外汇管理,国有企业境外期货套期保值管理,人民币合格境外机构投资者境内证券投资试点,合格境内机构投资者境外证券投资管理,外债登记管理,修订银行间外汇市场做市商指引
2014	边境地区贸易外汇管理,银行调运外币现钞进出境管理,改进资本项目外汇管理,境内居民通过特殊目的公司境外投融资及返程投资管理,境外上市外汇管理,跨境担保外汇管理,外债转贷款外汇管理,银行间外汇市场交易汇价和银行挂牌汇价管理,境内银行涉外收付凭证管理
2015	跨国公司外汇资金集中运营,支付机构跨境外汇支付业务试点,改革外商投资企业外汇资本金结汇管理方式,调整房地产市场外资准入和管理有关政策,境外交易者和境外经纪机构从事境内特定品种期货交易管理,内地与香港证券投资基金跨境发行销售资金管理,非银行机构内保外贷业务集中登记,保险业务外汇管理,金融资产管理公司对外处置不良资产外汇管理,境外中央银行类机构投资银行间市场外汇账户管理
2016	全口径跨境融资宏观审慎管理,促进贸易投资便利化完善真实性审核,规范货物贸易外汇收支电子单证审核,亚洲基础设施投资银行和新开发银行外汇管理,改革和规范资本项目结汇管理,境外机构投资者投资银行间债券市场外汇管理,合格境外机构投资者境内证券投资外汇管理,外币代兑机构和自助兑换机业务管理,通过银行进行国际收支统计申报业务管理

资料来源:国家外汇管理局网站。

三 小结

外汇市场是国内外经济相互作用的重要纽带。人民币国际化必然会影响国内外汇市场的发展,从而触及国内金融市场的稳定与安全。总体而言，人民币国际化带动的外汇市场发展有利于国内金融安全。首先，外汇市场的参与者将更加多元化，从而促进市场功能完善和产品体系丰富，有助于各类风险管理活动的有效开展。其次，我国外汇市场开放程度的提升，便于将外国金融机构的先进业务经验和理念引入国内市场。最后，人民币国际化有可能产生的汇率体制改革倒逼机制将使我国央行能够更加独立地施展货币政策，不断完善的监管制度也有助于提升外汇市场的抗风险能力。

当然，外汇市场的开放和自由化发展也可能给国内金融安全带来一些冲击。具体来说，一些高杠杆衍生工具的不当使用会给市场带来风险，外资金融机构的进入也可能挤占国内金融机构的市场空间，而汇率体制的改革更是在短期内不可避免地会造成外汇市场的波动。虽然风险和波动在所难免，但是如果不推进外汇市场的自由化改革，则我国的金融市场将处于更加被动的局面，所面临的风险也将更加难以承受。

第三节 债券市场

一 人民币国际化、中国债券市场发展与金融安全

（一）货币国际化与国内债券市场的发展

国内外现有研究基本上认为货币国际化和债券市场发展存在相互

促进的关系。货币国际化常伴随国际债券市场的发展而逐渐得到提升,同时货币的国际化也会促进国内债券市场的繁荣。① 以美国为例,一方面,其国内发行量大、流动性高的债券市场不仅促进了国内经济的发展,还为国际投资者提供了有效的投资渠道,是促使美元成为国际储备货币的重要原因。② 另一方面,美元国际货币地位的确定也使境外投资者对美国的投资明显增加,而这些投资的相当部分集中于债券和股票等金融资产,因此也就带动了美国金融市场的发展。③

本节主要探讨货币国际化对本国债券市场的影响进而作用于国内金融安全的机制。从这方面来讲,一国货币国际化的推进通常会伴随外国政府、境外机构和个人对该国货币持有量的增加,由此提升国内债券市场的投融资规模。对于发展中国家而言,该过程一方面有助于增强国内债券市场的流动性,改善国内金融市场的融资结构,促使国内市场的规则和标准与国际接轨,从而有利于国内的金融安全。另外,债券市场的开放和创新也可能助长投机套利活动和跨境资本的大幅波动,并对央行政策造成干扰,由此给国内金融安全带来挑战。

---

① 杨荣海:《货币国际化与债券市场发展关系的实证分析》,《经济经纬》2011年第4期。
② Cooper, R. N. (2000), *Key Currencies after the Euro* (Boston: Kluwer).
③ Gourinchas, P. O. (2007), *From World Bank to World Venture Capitalist: U.S. External Adjustment and the Exorbitant Privilege* (Chicago: University of Chicago Press).

（二）人民币和美元国际化过程中本国债券市场的发展及比较

1. 人民币国际化过程中的债券市场发展

2005年是我国债券市场开放和创新取得突破的一年。这一年，我国首次在债券市场引入了境外的投资者和发行人——泛亚基金和亚债中国基金进入银行间债券市场；国际金融公司（IFC）和亚洲开发银行（ADB）获准分别在我国银行间债券市场发行人民币债券（又称熊猫债）。同时，我国资产证券化产品开始在债券市场上推出——国家开发银行发行了第一期资产支持证券。然而，由于后来国际金融市场的动荡，国内债券市场也减缓了开放和创新的步伐。

2009年人民币国际化的战略确立后，国内债券市场的开放和创新进入稳步推进阶段。在资本账户未完全开放的情况下，人民银行首先打通了境外机构投资国内债券市场的通道。境外人民币清算行等三类机构、人民币合格境外机构投资人（RQFII）和合格境外机构投资人（QFII）先后被允许在获批额度内投资银行间债券市场。境外发行人在银行间债券市场发行熊猫债的限制也不断放松。例如，人民银行在2010年修订了相关法规，允许发行人将发债筹集的资金购汇汇至境外。此外，债券市场的产品也在不断创新和完善。2012年资产支持证券重回银行间市场后，一些衍生产品也被相继推出。于是，到2013年我国已成为全球第三大债券市场。

2014年以来，人民币进入缓慢贬值和双向波动，人民币国际化战略促使我国进一步加大了国内金融市场的开放力度。债券市场作为我国金融开放的前沿阵地，随着更多境外机构的参与、产品创新的出现以及国际联通的增强，为我国金融安全做出了贡献，也带来了挑战。

2. 美元国际化过程中债券市场的发展

"二战"后，随着布雷顿森林会议的召开和美元作为国际储备货币地位的确定，美国的外国债券市场开始发展。1947年，世界银行在纽约发行了第一笔美元国际债券。到1963年，外国政府、市政部门、政策性银行一共发行了约140亿美元"外国美元债券"。[①] 不过，20世纪60年代中期美国的国际收支开始出现不平衡状态并导致了长期投资资金的外流，美国政府决定对那些投资于外国债券的投资者进行限制。1964年，美国政府开始征收利息平衡税，规定对外国证券投资所得收益超出国内投资收益水平的部分进行征税，对防止资金外流起了一定限制作用。

20世纪70年代发生的两次石油危机及其引发的一系列国际金融体制变化刺激了美国债券市场的发展。一方面，布雷顿森林体系解体，石油美元的大量累积和国际投资者对安全资产需求的

---

① O'Malley, C. (2015), *Bonds without Borders: A History of the Eurobond Market* (Wiley).

增加，带动了美国国债的发展并使其顺理成章地成为美元回流的载体。另一方面，美国取消了利息平衡税，带动了外国债券市场规模的提升。1974年扬基债的发行总量从大约10亿美元增至33亿美元，到1976年已经突破100亿美元。[1] 这一时期，利率市场化、金融自由化与全球化迅速推进，美国债券市场在全球市场中起到引领作用。

此后，金融全球化的全面铺开以及金融管制的持续放松，激发了美国金融机构对衍生工具的不断创新，而这些工具和与之相应的债券市场规则也进一步向全球市场推广和渗透。至今，美国始终保持着全球规模最大、开放程度最高、工具最完善、效率最强的债券市场地位。

3. 中国债券市场发展与美国的比较

由于美元和人民币国际化的历史环境不同，二者对本国债券市场的驱动作用以及在此过程中对国内金融安全的影响也有所差异。

首先，美元和人民币国际化进程的差异造成两国债券市场发展过程中所面临的竞争环境以及与之相应的风险不同。美元的霸权地位是在"二战"后通过布雷顿森林体系建立起来的，这种无可挑战的合法地位使美国债券市场几乎不用面对来自任何其他市场的资本竞争，自

---

[1] O'Malley, C. (2015), *Bonds without Borders: A History of the Eurobond Market* (Wiley).

然而然地成为最受各类境外主体青睐的投融资市场。人民币国际化则只能在现有货币体系中缓慢推进，这意味着中国债券市场的开放和发展至少面临美国、欧洲、日本等债券市场的竞争，所以资本流动的不确定性更强，由此可能对国内金融安全造成的冲击也更大。

其次，由于国内债券市场的根基和所处金融全球化的阶段不同，美国和中国利用债券市场服务于国内金融安全的能力存在差异。在美元国际化之时，美国债券市场已有近200年的历史，而且当时全球金融秩序尚未建立。这种先发优势为美元国际化背景下美国债券市场的发展提供了试错的空间，使其拥有了规则制定的主动性，具备了通过影响全球债券市场来维护国内金融安全的能力。中国的债券市场则在新中国成立后才开始起步，而且人民币国际化是在全球金融体系已经建立起来的情况下开展的。这就意味着中国债券市场的发展面临更多的内部缺陷和外部制约，导致其在应对国内金融安全问题时也更显被动。

最后，上述差异也造成了两国政府对货币国际化影响国内债券市场发展过程的干预程度不同。由于美国债券市场是在美元国际化背景下自然发展起来的，美国政府并没有刻意地吸引或者限制外国投资者，而是对市场进行引导以使其向着有利于国内金融安全的方向发展。中国的人民币国际化战略则完全是由政府主导和驱动的，进而带动国内债券市场的开放和发展，而政府在此过程中又扮演全面干预的角色。金融市场是一个相互联系的复杂体系，非市场化的运作很难同时兼顾多个目标，这意味着政府干预可能给我国基础薄弱的金融市场带来新的潜在隐患。

二 人民币国际化通过债券市场影响中国金融安全的主要机制

在这一部分将从投资人、融资人、债券产品和监管当局等角度，对人民币国际化通过债券市场影响中国金融安全的主要机制进行分析。

（一）投资人进入

债券市场开放将促使更多投资人进入，有助于调节市场的流动性并平稳价格波动，但同时也助长了投机套利活动并可能在长期有损市场安全。

人民币国际化推动了境外机构对人民币资产投资需求的增加，加速了我国债券市场的开放，从而有助于提升市场流动性、降低价格波动。2010年以来，我国放宽了对境外机构投资债券市场的准入（见表3-6）。截至2016年底，银行间债券市场上境外机构投资者的数量已突破400家，投资规模约8000亿元。与此同时，境内机构的准入有所放松，信托产品、证券公司资产管理计划、基金管理公司等重返银行间债券市场。投资主体的扩充提升了我国债券市场的流动性，以及迅速完成交易且不造成价格大幅变化的能力。[1] 2004

---

[1] Glen, J. (1994), "An Introduction to the Microstructure of Emerging Markets", International Finance Corporation Discussion Paper, No. 24, International Finance Corporation, Washington, D. C.

年6月至2012年12月,现券交易、质押式回购和买断式回购的月均换手率①分别从20%、36%和1%上升到29%、54%和2%;HH比率②的月均值则从2002年的0.36降至2012年的0.03。上述指标的变化表明我国银行间国债现券市场的流动性提高,成交量对价格的冲击明显减弱③,无疑有助于国内金融市场的稳定性。

表3-6 我国银行间债券市场对境外机构投资者的开放历程

时期	措施
起步阶段 (2005~2009年)	2005年,央行分别批准泛亚基金和亚债中国基金进入银行间债券市场
稳步推进阶段 (2010~2014年)	2009年,央行允许境外清算行在其存款余额的8%范围内,投资银行间市场
	2010年8月,央行发布《关于境外人民币清算行等三类机构运用人民币投资银行间债券市场试点有关事宜的通知》,允许三类机构在央行批复的额度内在银行间市场进行债券投资
	2011年12月,人民币合格境外机构投资人(RQFII)制度推出,并被允许投资银行间债券市场
	2012年7月,央行允许合格境外机构投资人(QFII)在获批额度内投资银行间债券市场

---

① 即现券交易的年度金额/年底债券的托管存量。
② Hui-Heubel比率,即价格的相对变化/成交量的相对规模,具体见巴曙松和姚飞(2013)。
③ 巴曙松、姚飞:《中国债券市场流动性水平测度》,《统计研究》2013年第12期。

第三章｜人民币国际化对中国金融安全的影响：市场与机构视角

续表

时期	措施
加速发展阶段（2015年至今）	2015年5月，已获准进入银行间债券市场的境外人民币业务清算行和境外参加行可以开展债券回购交易，且回购资金可调到境外使用
	2015年7月，央行发布《关于境外央行、国际金融组织、主权财富基金运用人民币投资银行间市场有关事宜的通知》，大幅放开境外央行、国际金融组织、主权财富基金等机构在银行间市场的额度限制和投资范围，并将审核制改为备案制
	2016年2月，境外机构范围扩至商业银行、保险公司、证券公司、基金管理公司及其他资产管理机构等各类金融机构，上述金融机构依法合规面向客户发行的投资产品，以及养老基金、慈善基金、捐赠基金等中国人民银行认可的其他中长期机构投资者。同时取消境外机构投资额度限制，简化管理流程

资料来源：袁沁、张璨《银行间债券市场对外开放的历程及意义》，《银行家》2015年第9期；万泰雷《中国债券市场的国际化》，中国金融四十人·青年论坛，2016年9月20日，http://www.cf40.org.cn/jinrong/zhuanti_lunwen.php?id=11270&aid=11273&att=0。

同时，随着人民币储值功能国际认可度的提升，人民币债券将有很大潜力进入全球安全金融资产的行列，届时外国官方机构将大量进入我国债券市场。这将有助于我国获得规避外债的汇率风险，以较低成本获得全球融资，控制国际信贷流动以化解国内金融危机等。首先，外国官方机构在国内债券市场上购买人民币计价的债券，避免了我国海外举债的汇率风险。其次，人民币国际化将确保我国能够在国内债券市场实现较低成本的全球融资。

从美元的经验来看，外国官方机构的大量购买导致美国长期国债的利率保持在低位，因此美国财政每年可节约长期债务利息近百亿美元。① 最后，货币国际化和与之相应的发达债券市场，还有助于控制国际信贷流动以化解国内金融危机。例如，美国在次贷危机后积极实施量宽政策以缓解国内流动性问题，同时美元的贬值促使各国央行不断增持美国国债，从外部向美国输出流动性。② 总之，从长远来看，坚持在人民币国际化战略下推进国内债券市场的发展，将有助于我国规避外债汇率风险、降低外债融资成本和稳定财政，使国际信贷向着有利于国内金融稳定的方向流动，从而巩固我国的金融市场安全。

然而，债券市场的开放也会助长投资者的投机套利活动，从而有损我国的金融市场安全。一方面，债券市场准入的放松使一些擅长高杠杆策略的投资机构更多地参与到市场中来，成为市场上的不稳定因素。相比于银行和保险公司等传统机构，信托计划、基金公司和券商资管计划等更善于通过在场外构建结构化产品并同时在场

---

① Bertaut, C., DeMarco, L. P., Kamin, S. and Tryon, R. (2011), "ABS Inflows to the United States and the Global Financial Crisis", International Finance Discussion Papers, 1028, Board of Governors of the Federal Reserve System. Beltran, D. O., Kretchmer, M., Marquez, J. and Thomas, C. P. (2013), "Foreign Holdings of U.S. Treasuries and U.S. Treasury Yields", Journal of International Money and Finance, 32, 1120–1143.
② 2009年至2017年第一季度，日本持有的美国国债从不足6000亿美元上升至1.15万亿美元，中国持有的美国国债从不足8000亿美元上升至1.26万亿美元。

第三章 | 人民币国际化对中国金融安全的影响：市场与机构视角

内回购债券以提高杠杆率，部分配资杠杆可达1:9。这些机构近年来在债券市场的参与程度增长迅速（见图3-7），因此在中长期将显著提升国内债市的风险。而且，债券市场的波动还可能进一步给股市造成冲击，形成相互加强的恶性循环，从而威胁整个金融体系的稳定性。

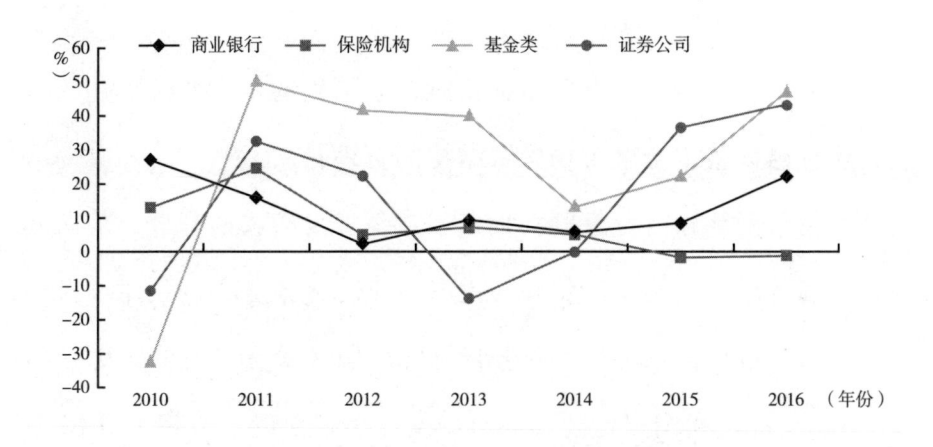

图3-7　主要机构投资者债券持有量同比变化率

资料来源：中债数据。

另一方面，随着我国资本账户的开放和境外投资人的增加，国内债券市场可能出现资金的大进大出，从而也会对国内金融安全造成冲击。特别是当国内宏观经济表现相对于全球转弱时，国际投资者从债券市场巨额撤资将进一步冲击国内金融市场，并对国家整体经济形势造成不利影响。这一问题，国际上很多较早开放金融市场的发展中国家都曾遇到过。例如，墨西哥在20世纪80年代末开放金融市场导致外资大量涌入且70%~80%流向证券投资，而随着1994年国内政局不稳和西方国家利率上扬，这些资金开始大量撤出。特别是墨政府发行的短期债券中有40%为外国投资者持有，货币危机发生后这部分债券被大量抛售，使墨财政陷入困境。最终，这场危机使墨西哥付出了420亿美元的代价。[①]

（二）融资人结构

债券市场开放不仅有助于债市融资人结构的优化并降低违约风险，还将推动整个金融市场融资结构的合理化。

人民币国际化的推进同样加速了对债券发行人的开放，从而使债券市场的融资结构不断优化，这有助于降低债券市场的总体违约风险。自2005年10月国际金融公司（IFC）和亚洲开发银行（ADB）获准在我国银行间债券市场发行熊猫债以来，截至2016年6月已先后有包含国际开发机构、政府类机构、金融机构和非金融企业在内的18家境外机构在银行间市场发行了24单熊猫债，总规模为等值人民币456亿元（见表3-7）。这些国际机构和跨国企业发行人基本具有AA级以上的信用等级，显然有助于完善我国债券市场的结构并降低市场的总体违约风险。

[①] 王丽颖：《1994年墨西哥比索危机还原》，《国际金融报》2015年9月21日第22版，http://paper.people.com.cn/gjjrb/html/2015-09/21/content_1614197.htm。

表 3-7 境外机构境内发行债券（截至 2016 年 6 月）

单位：亿元，单

发行人类型		核准/注册额度	发行量	余额	发行单数
国际开发机构	ADB	20	20	10	2
	IFC	20	20	0	2
	新开发银行	30	30	30	1
政府类机构	韩国	30	30	30	1
	加拿大 BC 省	60	30	30	1
	波兰	60	30	30	1
金融机构	汇丰香港	10	10	10	1
	中银香港	100	10	10	1
	渣打香港	20	10	10	1
	创兴银行	30	15	15	1
非金融企业	戴姆勒	250	110	60	6
	招商局	30	5	5	1
	华润置地	200	50	50	2
	中芯国际	60	21	21	2
	威立雅	150	10	10	1
	华润水泥	135	35	35	0
	恒安国际	50	20	20	0
	中电国际	50	0	0	0
合计（不含 SDR 债）		1305	456	376	24
合计（含 SDR 债）		1492.2	502.8	367.8	25

资料来源：万泰雷《中国债券市场的国际化》，中国金融四十人·青年论坛，2016 年 9 月 20 日，http://www.cf40.org.cn/jinrong/zhuanti_lunwen.php?id=11270&aid=11273&att=0。

从更广阔的视角，债券市场的发展还将推动整个中国金融市场融资结构的转型，缓解社会融资过度集中于银行贷款所带来的风险隐患。银行贷款一直是我国社会融资的主要方式（见图 3-8）。2016

年我国社会融资存量中的企业债券仅为18万亿元,而人民币贷款却高达105万亿元,与成熟经济体直接融资份额达到70%的情况形成鲜明对比。① 相比于银行贷款,债券融资至少有两方面优势:一是信息透明度更高,有助于缓解地方政府和大型国企在获取银行贷款过程中所存在的信息不对称问题;二是能够有效降低过度货币化,通常直接融资较发达的国家货币供应与GDP之比要明显低于间接融资占主导的国家。由此可见,人民币国际化推动下的债券市场发展将使国内金融市场的融资结构更加合理化,避免信用风险过于集中于银行体系并有利于货币政策的传导,因此有利于国内金融市场的安全。

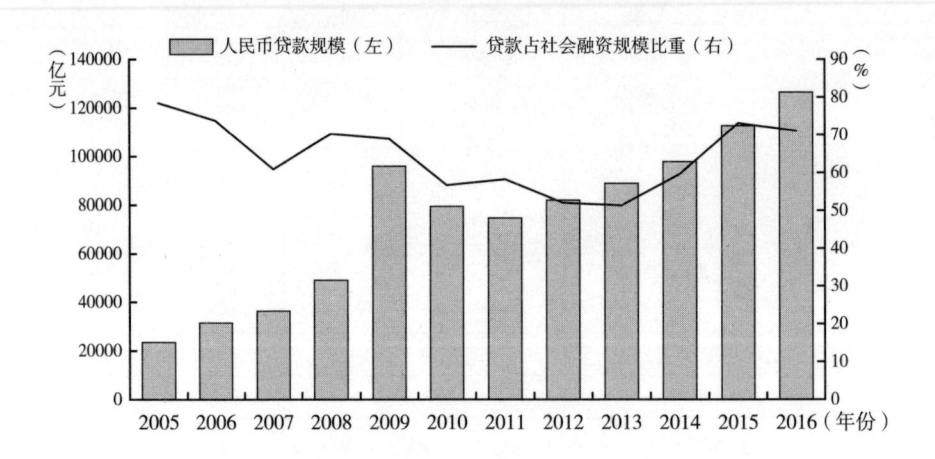

图3-8 2005~2016年人民币新增贷款规模及
其占社会新增融资规模的比重

资料来源:国家统计局。

---

① 祁斌、查向阳:《直接融资和间接融资的国际比较》,《新金融评论》2013年第6期。

（三）债券产品创新

债券市场自由化能够激发国内金融机构的产品创新以提升风险管理水平和国际地位，但是高杠杆结构化产品的丰富也可能给金融安全带来隐患。

债券市场开放程度的提升还将激励国内金融机构的产品创新，以满足各类机构和企业的风险管理要求并维护市场稳定。特别是在市场化程度不断加强，刚性兑付被逐渐打破的形势下，风险缓释工具亟须发展。2016年，我国银行间债券市场推出了信用违约互换（CDS）和信用联结票据（CLN）两款风险管理新产品。四大国有银行、多家地方民营股份制银行和城市商业银行以及中债信增等机构都已经开展了CDS产品交易。未来，我国债券市场的参与机构还将继续活跃于三方回购、中央债券借贷、流动性互助、担保品管理等产品的创新，以完善债市的风险管理机制。随着这些产品的推出，我国债券市场的风险管理产品将得到极大的完善，债券违约对我国金融市场造成的冲击也将随之降低。

另外，人民币国际化还使我国债券市场和相关参与机构在一些新型国际债券产品领域占得先机，由此形成优势并提升国际影响力。2016年世界银行（WB）在我国发行了5亿SDR计价的木兰债，中国工商银行、国家开发银行、中国建设银行以及汇丰银行参与了主承销，上海清算所则在二级市场上给出每日报价。由此，SDR债券的发行和交易系统在中国已经基本构建起来，而前述机构也在这一产品领域有所创新并积累了经验。实际上,与世界银行相关的融资创新常常带动全球债券市场的变革,并为参与其中的金融机构带来机遇。例如,20世纪80年代末,所罗门兄弟和德意志银行为世界银行承销的第一笔全球化债券就推动了全球债券交易系统的联结,而这两家机构也借机在90年代债券市场全球化的浪潮中获得了不可动摇的市场地位。① 就SDR债券而言,其比普通的单币种债券更有利于对冲汇率风险,而且能够推动国际货币体系的改革,在未来将具有广阔的市场空间。因此,从长期来看,中国金融机构在这一国际市场的主导地位将对国内金融安全产生积极影响。

不过,债券市场的自由化也驱使更多金融机构开发高杠杆的结构化产品以扩大利润空间,从而在一定程度上增加了国内金融市场的风险。2008年全球金融危机后,我国债券市场的资产证券化产品一度停滞。不过自2012年8月资产支持票据(ABN)落地以来,证券公司、基金管理公司开展资产证券化业务的闸门被相继打开,使我国债券市场上的资产支持证券产品迎来爆发期,2014年资产支持证券的托管存量增长率高达1469%(见图3-9)。毫无疑问,这类产品有助于盘活基础资产,当然也不能否认其所蕴含的大量风险。发达国家的经验已经表明,许多资产证券化产品过度打包增信,致

---

① O'Malley, C. (2015), *Bonds without Borders: A History of the Eurobond Market* (Wiley).

使投资者很难理解其复杂的结构和隐藏的风险,最终将导致金融危机。1994年美国加息后国际债券市场的崩盘和2008年的美国次贷危机,都是不应被遗忘的惨痛教训。由此可见,如果未来我国的资产证券化产品过度发展,也将增加国内金融市场的不稳定性。

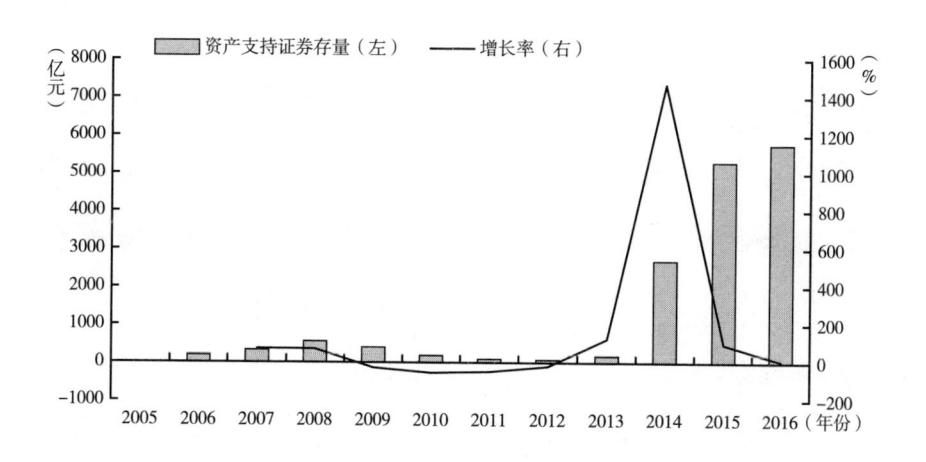

图3-9 2005~2016年国内债券市场资产支持
证券的托管存量及其增长率

资料来源:中债数据。

(四)监管改革

债券市场的发展将倒逼监管当局完善制度环境,并提升央行货币政策的有效性,但不排除未来对央行金融政策产生冲击的可能性。

人民币国际化将推动国内外债券市场的联通,倒逼监管当局完善国内市场的制度环境,建立与国际接轨的标准和法规。近年来,相关部门密集出台了一系列银行间债券市场改革的政策措施,例如，加强债券市场的审慎管理、规范信用评级、建立大数据平台、健全保障类条款等。未来，监管当局还将继续做出努力：一是加强内生约束机制，深化对主承、会计、评级等中介机构的监管，制定并实施与国际接轨的行业标准。二是建立统一强健的债券中央托管体系，充分发挥其安全效率中枢作用，提高大国金融的稳定性、自主性和定价有效性。① 三是完善法律、税收等制度基础，要求各方参与主体对其所披露信息的真实性、准确性、完整性承担相应的法律责任。随着我国债券市场的制度环境更加公开、透明，许多曾经的隐含风险将得到释放和抑制，从而有利于国内的金融安全。

对央行而言，债券市场的发展还能增强其货币政策的传导效率。随着我国债券市场产品结构的完善和流动性的提升，央行自2016年6月15日起开始每日发布中国国债及其他债券收益率曲线（见图3-10）。通过这一工具，央行政策利率的变动将更好地传导到其他中长期固定收益市场利率，并通过市场变动有效地影响银行的存贷款利率，从而达到调控宏观经济的目的。未来，债券市场的深化发展将不断完善利率传导机制，进一步提升货币政策的调控效果，使央行能够更加有效地干预宏观经济和稳定金融市场。

不过，需要指出的是，债券市场的开放在长期也可能给央行的政策带来冲击。随着人民币国际化进程的深入和资本账户的开放，

---

① 钟言：《新常态下中国债券市场的使命》，《债券》2016年第1期。

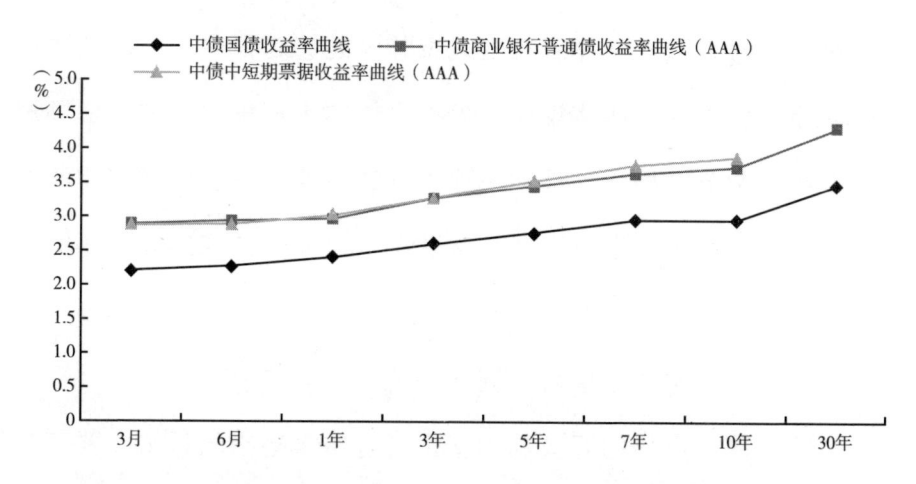

图 3-10　中国国债及其他债券收益率曲线（2016年6月15日）

资料来源：中国人民银行。

越来越多的境外机构倾向于在国内市场发行熊猫债，而其中相当一部分资金将被输出到境外市场。如果这些资金以人民币形式流出，将会导致国内货币存量的减少，有损央行的扩张性货币政策。如果资金以美元等外币形式流出，则会消耗我国官方持有的外汇储备，也会干扰央行的外汇政策。从美国和日本的经验来看，两国在货币国际化的相当长时间内对于在国内发行扬基债和武士债都是相当谨慎的，在很大程度上是因为担心境外机构在其国内债券市场融资并输出资金可能对其国内金融政策和金融市场造成冲击。

三　小结

债券市场作为我国金融市场的重要组成部分和基础设施，这些年在人民币国际化战略的驱动下取得了显著的发展。总体来看，其发展对于国内金融安全显著地利大于弊，能够起到促进国内金融稳定缓冲器的作用。具体体现为，投资主体的丰富扩大了债券市场规模并有利于调节市场流动性和平稳市场波动性，更多发行主体的参与则有助于改善国内金融市场的融资结构。债券市场的开放还促进了金融机构的产品创新和国际地位的提升，也倒逼监管当局创造更加公开、透明且与国际接轨的制度环境。

当然，债券市场的开放和创新也可能给金融市场带来一些不利影响。特别是从长期来看，债券市场的自由化可能助长金融机构的投机套利活动和跨境资本的大幅波动，并因此提升监管难度和降低金融政策的传导力度。不过，随着我国债券制度改革的不断推进和市场主体的不断成熟，上述风险也将逐渐得到控制。

第四节　股票市场

一　人民币国际化与中国股票市场的发展

（一）货币国际化、国内股票市场发展与金融安全

货币国际化和股票市场的发展存在相互作用关系。一方面，货币国际化能够推动股票市场的开放和发展。随着一国货币国际化进程的推进以及与之相应的资本账户的开放，该国货币的跨境流动将更加自由和灵活，同时境外对于该货币的投融资需求也会不断增

长。这将扩大境外资本进入国内资本市场的途径和规模，从而加速该国股票市场的国际化程度和运行效率。另一方面，股票市场的开放和发展也有利于进一步深化货币的国际化进程。一个繁荣、活跃的股票市场将吸引更多国际投资者参与并提升这些投资者使用该国货币的意愿，这无疑也将促进该国货币的国际化。

本节主要探讨货币国际化对本国股票市场的影响进而作用于国内金融安全的机制。从这方面来讲，一国货币国际化的推进通常伴随着境外货币资金池的扩大和境外资金流动基础设施的广泛建立，从而增加了境外机构和个人在该国股票市场进行投融资活动的需求。对于发展中国家而言，该过程有助于提升国内股票市场的投融资结构，推动国内金融机构的业务创新和升级，并促使国内监管机构改革市场规则和标准，这些都将有利于国内的金融安全。然而，股票市场的开放也可能导致资金的大进大出，助长国内资产泡沫并增加投机套利活动，还会给监管部门的管理带来难度，从而对国内金融安全造成冲击。

（二）人民币和美元国际化过程中本国股票市场的发展及比较

1. 人民币国际化过程中的股票市场发展

我国股票市场的发展和开放始于20世纪90年代初。以上海证券交易所和深圳证券交易所的成立为标志，我国股票市场开始了其发展历程。1992年，B股市场建立并对外国投资者开放，由此迈出了中国股票市场对外开放的一小步（见表3-8）。1993年，青岛啤酒成为第一家在香港上市的 H 股公司,由此开启了内地公司海外上市的先河。此后,山东华能发电股份有限公司于 1994 年在美国纽约证券交易所成功上市,成为我国第一家 N 股公司;北京大唐发电股份有限公司和天津中新药业则于 1997 年分别在伦敦证券交易所和新加坡证券交易所挂牌上市,成为我国第一家 L 股和 S 股公司。

表 3-8 中国股票市场的对外开放机制

机制	开始时间	具体含义
B 股	1992 年 1 月	即人民币特种股票,是以人民币标明面值,以外币认购和买卖,在中国境内(上海、深圳)证券交易所上市交易的外资股。B 股公司的注册地和上市地都在境内
H 股	1993 年 7 月	在中国大陆注册,在香港上市的外资股
N 股	1994 年 8 月	在中国大陆注册,在纽约上市的外资股
L 股	1997 年 3 月	在中国大陆注册,在伦敦上市的外资股
S 股	1997 年 5 月	在中国大陆注册,在新加坡上市的外资股
QFII	2003 年 7 月	允许把一定额度的外汇资金汇入并兑换为人民币,通过严格监督管理的专门账户直接投资中国 A 股
QDII	2006 年 11 月	允许内地居民通过境内机构以外汇投资境外资本市场,即投资于香港及其他国家资本市场
RQFII	2011 年 12 月	境外人民币通过中资证券公司及基金公司的香港子公司投资 A 股市场
沪港通	2014 年 11 月	上海证券交易所和香港联合交易所允许两地投资者通过当地证券公司(或经纪商)买卖规定范围内的在对方交易所上市的股票,是沪港股票市场交易互联互通机制
深港通	2016 年 12 月	深圳证券交易所和香港联合交易所建立技术连接,使内地和香港投资者可以通过当地证券公司或经纪商买卖规定范围内的在对方交易所上市的股票
沪伦通	待定	上海证券交易所和伦敦证券交易所的互联互通机制

资料来源:作者整理。

随着我国股票市场逐渐发展壮大，对境外机构投资者的开放被提上日程。2003年7月，合格的境外机构投资者（QFII）登上我国证券市场的舞台，共有包括汇丰银行、花旗银行、野村证券等在内的12家机构获得资格。此后，盖茨基金会、AIG全球投资公司、耶鲁大学等相继获批，截至2008年底已有76家机构取得QFII资格。与此同时，对境内机构投资境外资本市场的闸门也放开，合格的境内机构投资者（QDII）机制于2006年推出，截至2008年底已有58家机构获得资格。

2009年人民币国际化战略的确定，进一步加速了境内外股票市场联通机制的形成。2011年12月，符合条件的基金公司、证券公司香港子公司被允许作为试点机构开展RQFII业务。华夏基金、嘉实基金、博时基金等9家基金公司旗下香港子公司成为首批取得RQFII资格的机构。2014年11月，联通上海证券交易所和香港联合交易所的沪港通机制正式启动。2016年12月，联通深圳证券交易所和香港联合交易所的深港通机制也开通。目前，证监会正在研究建立联通上海证券交易所和伦敦证券交易所的沪伦通机制，这将成为中国首个境外股市联通计划，对于加速中国股票市场国际化具有重要的意义。

2. 美元国际化过程中股票市场的发展

美元的国际化促进了美国股市的发展，但也曾数次间接在股市风暴中推波助澜。从20世纪初，美国超过英国成为世界第一经济强国，带动美元的国际地位迅速上升，到1928年美元在主要国家外汇储备中的份额已达到60%，这使美国股票越发受到国际投资者的青睐。随着境外资本的大量流入，以及战时公债退出市场所增加的资金供应，美国道·琼斯指数在1923～1929年经历了高达24%的年均涨幅，市值更是增加了5倍，将其他主要国家的股票市场远远抛在后面，并终于在1929年10月29日崩盘。1933年，罗斯福政府开始了重构美国证券市场监管框架的改革，上市公司的信息透明度和投资者保护成为华尔街监管的主题。进入40年代，以养老基金和共同基金为主体的现代机构投资者开始得到发展，美国股市逐渐恢复活力。

20世纪50年代后，美国股票市场正式步入价值投资时代，国际投资者的参与程度不断上升。"二战"后布雷顿森林体系的建立，确立了美元在国际经济中的核心角色，帮助美国统治着国际贸易和国际投资。60年代后期，巨额的政府财政赤字以及国际收支问题困扰着美国经济，最终导致1971年布雷顿森林体系的崩溃、美元贬值和石油危机的爆发，加深了70年代美国股市的调整。进入80年代，里根政府的强势美元政策吸引了大量外国投资者进入美国资本市场。这一时期爆发的第三世界债务危机也在一定程度加速了国际资本向美国的流动，使得1982年道琼斯工业指数创出新高并一举突破2000点。在经历了涨幅超过200%的5年牛市之后，美国股市于1987年10月19日发生崩盘，国际投资者抛售美元资产是这次股灾的诱因之一。不过,美联储在股市崩盘后迅速行动,避免了重蹈1929年的覆辙。90年代的金融国际化在一定程度上就是金融的美国化,资产证券化、证券业绩指数化、股东价值最大化导向、金融杠杆化、衍生产品交易化等成为世界金融市场的共同特征,而美国的金融资本影响范围遍布世界,美国资本市场也成为世界资本投资的场所。

3. 中国股票市场发展与美国的比较

由于美元和人民币国际化的历史环境不同,二者对本国股票市场的带动作用以及在此过程中对国内金融安全的影响也有差异。

首先,美元和人民币国际化所处的国际环境不同,导致两国股票市场发展过程中所面临的障碍和竞争以及与之相应的风险存在差异。美元的霸权地位随着美国经济实力的崛起迅速形成,并且在"二战"后由布雷顿森林体系确立,一直主导着国际货币体系的发展。于是,美国自然而然地成为最受国际投资者青睐的市场,很快发展出世界最大的股票市场。相反,当前国际货币体系已然形成,人民币的国际化必然面临着来自美元、欧元、日元等国际货币的阻力,而中国股市也将相应地面临这些国家股票市场的竞争。所以,中国股市在开放条件下将承受不确定性更强的跨境资本流动,这可能会给国内金融安全造成更显著的冲击。

其次,由于两国股票市场的根基和所处金融全球化的阶段不同，美国和中国调节国内外股票市场以稳定国内金融环境的能力存在差距。在美元国际化之前，美国股市已有近百年的历史，而且当时全球金融市场尚未形成。这种先发优势为美元国际化背景下美国股市的发展提供了试错的空间，使其拥有了规则制定的主动性。实际上，美国股市就是在经历了一次次的风波后，不断改进市场规则和监管制度，才成长为全球最发达的市场，并且引领了金融国际化的进程，使其经验成为国际标准。中国股市从20世纪90年代才起步，面对已经形成的国际金融体系只能选择尽快适应，而非主动制定适合自身国情的市场规则。这使得我国在面临外部市场冲击时很难主动采取有效的调节措施，因此我国的股票市场更加脆弱。

最后，上述差异也造成两国政府对货币国际化影响国内股市发展过程的干预程度不同。美国一直奉行自由市场原则，因此在美元国际化推动国内股市外向性增强的过程中并没有过多干预。仅当风险产生时才不断自省、完善制度，因此美国股市的监管是在自由市场的基础上针对问题不断做加法的过程。相反，中国政府一直管控着国内股市发展，在人民币国际化战略的驱动下才逐渐放松管制、增强市场机制。中国股市的政府监管是在全面干预的基础上做减法的过程。可见，中国股市的市场调节机制还存在缺陷，而政府在做减法的过程中又缺乏对市场风险的针对性认识，这样的市场在开放过程中可能存在更大的安全隐患。

二 人民币国际化通过股票市场影响中国金融安全的主要机制

在这一部分将从投资人、融资人、金融机构和监管当局等微观主体的角度,对人民币国际化通过股票市场影响中国金融安全的主要机制进行分析。

（一）投资人进入

股票市场开放将促使更多境外投资人进入,有助于改善市场投资人结构,但大量境外投资的流入也可能助长资产价格泡沫。

人民币国际化的推进增加了境外投资人对我国股票市场的投资需求,更多境外专业投资机构的进入将改善国内市场的投资人结构,有利于市场的良性发展和稳定。目前,我国股票市场上个人投资者和一般法人的占比过高,而专业机构投资者的比例则较低。根据中证登的数据,截至2017年2月,我国股票市场共有投资者超过1.2亿人,其中99.7%为自然人,机构投资者不足0.3%,散户过高的市场结构极易发生"羊群效应"。从市值来看,2015年末上海证券交易所个人投资者、一般法人、机构投资者持股市值分别为25.18%、59.83%、14.49%,机构投资者的比例依然最低（见图3-11）。而同期美国市场上专业机构投资者的占比高达45.83%,其中,共同基金、养老基金、保险公司三类主要机构投资者的持股比例分别为20.5%、13.8%、5.8%。通过QFII进入我国股市的都是具有较长历史、资产规模较大的全球金融机构，它们的进入不仅有助于改善国内市场的投资人结构，还使长期投资和价值投资的理念得以推广，从而促进我国股市更加安全有效地发展。

图 3–11　2008~2015 年上海证券交易所各类投资者持股情况（年末值）

资料来源：上海证券交易所。

不过，大量境外投资的流入也会助长资产价格泡沫，从而不利于国内的金融安全。国内金融市场的开放意味着人民币资金的大量回流，于是增加了国内市场的货币供应量。如果回流的资金规模过于庞大，将导致市场流动性过剩，多余的资金便会流入股票市场，推动股票价格的上涨。同时，出于对货币保值增值和抵御通货膨胀的需要，人们也倾向于将手头的资金投资于股票，从而抬高股票价格。以日本为例，"广场协议"签署后大量的境外闲置资金涌入日本的股市和房地产市场，同时日本国内的中小投资者在投机氛围的带动下纷纷向银行贷款并投资于股市和房地产市场，导致日经225指数在1985~1989年这短短的四年便从12000点左右达到了38957点。随之而来的泡沫破灭导致股市暴跌，房地产企业、生产性企业纷纷倒闭，银行等金融机构产生巨额不良债权，日本金融市场陷入一片混乱，经济也因此一蹶不振。虽然目前我国境外人民币存款余额仅1万多亿元，相比2016年底A股市场51万亿元的市值还显得微不足道（见图3-12），但是随着我国人民币国际化的长期推进，以及资金流入后的杠杆作用，资产价格泡沫还是我国股市开放过程中不能忽视的问题。

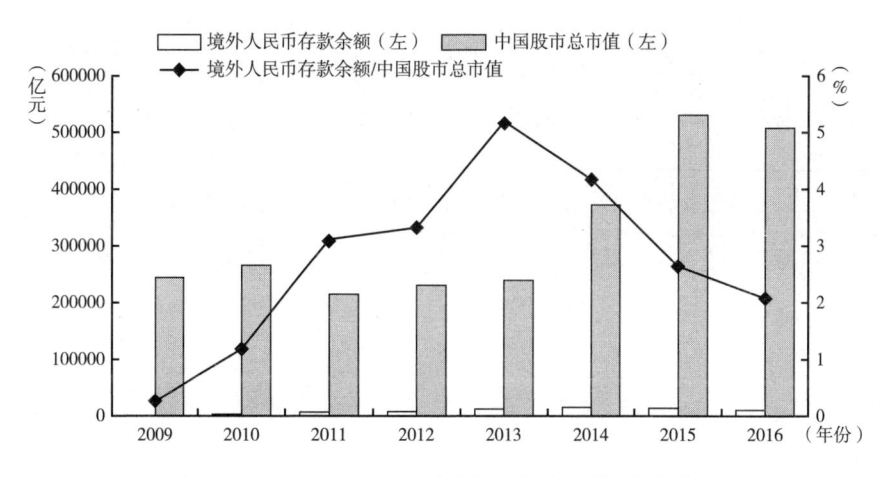

图3-12 2009~2016年境外人民币存款余额和中国股市总市值（年末值）

资料来源：Wind数据库。

（二）融资人结构

股票市场开放有助于市场融资人结构的优化，并推动整个金融市场融资结构的改善,从而有利于市场的稳定发展。当前国内一些融资人并非以做实业为核心目的,而是想方设法将公司包装上市后通过股票套现获利。以创业板为例,其拉动创新与高科技的功劳不大,反而变成了"造富板"——从2013年初到5月底,在总共355家创业板上市公司中已有超过300家出现了股东减持的情况,共计减持887亿元。① 一些经营绩效差、治理结构糟糕的公司的高管,趁股市稍有好转便大举出货,在本已动荡不安的市场上大肆抽血。未来,人民币国际化将吸引更多境外优质企业在国内上市,从而有助于我国股市的融资人结构的改善。例如,可口可乐、汇丰银行、联合利华等国际知名企业早就表达过到中国上市的强烈意愿,一方面提高它们在中国市场的知名度,另一方面加强它们在中国的业务扩展。这些优质企业融资后致力于长期发展的理念将在市场上起到示范作用,从而提升国内上市公司的整体素质,促进我国金融市场长期稳定的发展。

同时,股票市场融资规模的增长还将带动直接融资在我国社会融资中的比例相应上升,从而改善国内金融市场的总体融资结构。我国当前的金融体系中以银行信贷为主的间接融资占比过大,导致风险高度集中在银行体系且企业部门的杠杆率过高,发展直接融资

---

① 杨松:《中国当前应以股市为突破口夯实人民币国际化基础》,《全国商情》(理论研究)2013年第8期。

已经刻不容缓。相比于间接融资，直接融资具有信息透明度高、能够有效降低过度货币化等好处，然而出于对市场风险的考虑，我国股市的融资活动从金融危机后一直处于低位，相反银行贷款的规模却大幅提升（见图3-13），进一步加剧了我国金融市场融资结构不平衡的问题。截至2017年底，我国的杠杆率已经达到265%，达到了发达国家的平均水平，给国内的金融稳定带来了很大的不确定性。人民币国际化将推动国内股票市场在制度、标准等方面与国际接轨，更有效地实现资源配置并支持更多有增长潜力的企业开展融资活动，从而提升我国金融市场中的直接融资比例，以利于国内金融市场的安全。

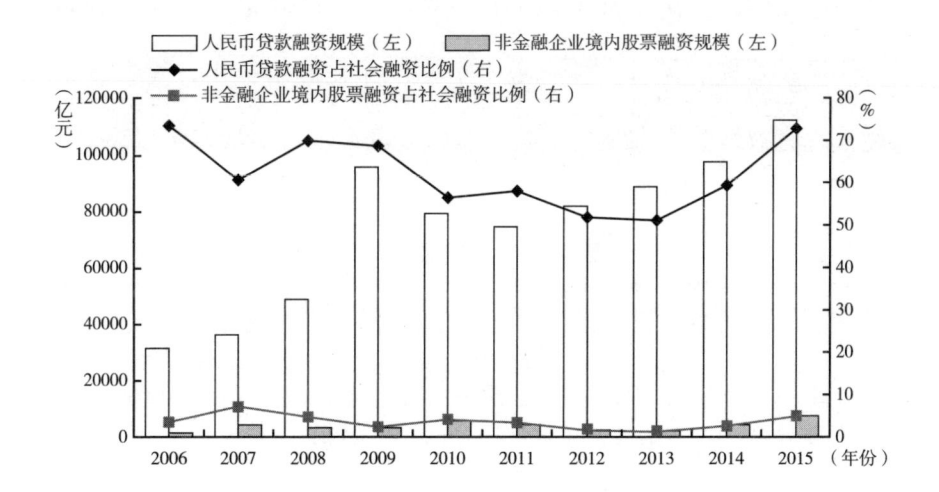

图3-13 2006~2015年我国贷款社会融资和股票社会融资的规模和比例

资料来源：国家统计局。

（三）股票产品创新

股票市场的开放能够激发国内金融机构创新风险管理产品并提升国际竞争力，而高杠杆产品的丰富也可能带来市场风险隐患。

随着人民币国际化的深入，股票市场的兴起将激励国内金融机构加入产品和服务的创新活动，以满足国内外市场参与者的广泛需求。2010年以来，我国股票市场衍生品推出的步伐加快，融资融券、股指期货、股票期权和股指期权等一系列新型市场工具先后得到运用（见表3-9），为市场参与者提供了更多风险管理和对冲的工具。这些工具的成功应用将改善我国股票市场单边市①的情况，促进投资者采用更加多元化的投资策略以降低风险。未来，我国将继续加快健全股票市场的衍生品体系，例如推出创业板指数期货，以满足股市参与者对不同市场风险管理的需求。随着更多衍生产品在股市推出，投资者将能够越来越有效地管理和规避风险，国内金融市场将更加稳定发展。

表3-9 近年来我国股票市场的金融创新

业务/工具	推出时间	具体含义
融资融券	2010年3月31日	又称证券信用交易或保证金交易，是指投资者向具有融资融券业务资格的证券公司提供担保物，借入资金买入证券（融资交易）或借入证券并卖出（融券交易）的行为，包括券商对投资者的融资、融券和金融机构对券商的融资、融券

---

① 即市场主体的投资策略趋于单一。

续表

业务/工具	推出时间	具体含义
股指期货	2010年4月16日	又称股价指数期货、期指,是指以股价指数为标的物的标准化期货合约,双方约定在未来某个特定日期,按照事先确定的股价指数的大小,进行标的指数的买卖,到期后通过现金结算差价来进行交割
股票期权	2015年1月9日	分看涨期权、看跌期权和双重期权三种基本形式,是买方在交付了期权费后即取得的在合约规定的到期日或到期日以前按协议价买入或卖出一定数量相关股票的权利
股指期权	2015年2月9日	期权购买者付给期权的出售方一笔期权费,以取得在未来某个时间,以某种价格买进或卖出某种基于股票指数的标的物的权利

资料来源:证监会网站。

与此同时,国内金融机构借着人民币国际化的机遇提升了国际竞争力,从而更好地推动国内金融市场朝着健康稳健的方向发展。随着更多国际机构进入我国股市,国内金融机构在与其合作或竞争的过程中能够学习到更多发达国家的先进经验,从而不断完善自身的治理结构和激励机制,并实现业务范围的拓展和竞争力的提升。自2002年QFII试点推出以来,国内的银行、证券公司、基金管理公司、保险资产管理公司等金融机构与QFII开展了广泛合作。截至2012年4月,我国已有17家基金管理公司或其香港子公司、3家保险资产管理公司为QFII提供投资顾问或投资建议服务,22家证券公司为QFII提供交易服务,7家中资银行开展 QFII 托管业务。① 在此基础上，国内金融机构与 QFII 机构的合作还进一步拓展到 QDII 等境外市场业务，对于国内金融机构提高国际竞争力发挥了积极的作用。例如，国泰君安自 2003 年获准首批开展 QFII 业务以来，国际化业务迅速拓展——网上交易平台可支持中国香港、美国、英国、日本、加拿大、新加坡、中国 A 股及 B 股等 8 个证券市场，以及全球超过 20 个期货及期权市场。显然，国内金融机构国际化水平和业务实力的提升，将对国内金融市场的安全稳定产生积极影响。

不过，任何事物都有两面性，更多金融衍生工具的使用也给金融机构开展投机套利活动创造了条件。由于多数衍生品具有高杠杆的特点，而股票市场又对风险因素非常敏感，金融机构利用衍生工具进行投机活动很可能会给股市带来巨大的潜在危机。以股指期货为例，其做空机制具有天生的高杠杆特性，很可能放大股票市场的风险。如果制度不完善，在一些特定的情况下可能增加金融市场的波动性，甚至导致金融系统的连锁反应。1987 年美国股市的"黑色星期一"就源于股指期货价格和现货价格两者之间的"瀑布效应"（见专栏1），从而导致了重挫美国经济的股市大灾，并进一步席卷全球。可见，随着开放条件下我国金融机构越来越多地参与金

---

① 陶俊洁、赵晓辉：《QFII 制度助推我国资本市场稳定发展为养老金入市提供借鉴》，《中国信息报》2012 年 4 月 6 日第 006 版。

融衍生品交易，国内股票市场的不稳定性也会趋于提升，因此必须强化金融机构的风险控制理念和自我约束机制。

> **专栏3–1　1987年美国股市"黑色星期一"
> 与股指期货的"瀑布效应"**①
>
> 　　1987年10月19日星期一，是美国股市遭遇灾难的一天。纽约证券交易所的道·琼斯30工业股价平均数突然从开盘的2247.06点狂泻到1738.74点，跌幅高达22.6%，市值蒸发5000亿美元，相当于当年美国GDP的12.5%。当日美国芝加哥商品交易所（CME）的S&P500股指期货抛压更为严重，其中12月份合约暴跌了80.75点，以201.5点收盘，跌幅高达28.6%。同日，英国伦敦证券交易所的FTSE100指数暴跌10%以上，东京证券交易所的日经225指数也下跌14.9%，香港联合交易所的恒生指数则下跌11.2%。从1987年10月19~26日，全球的股票投资者损失了大约2万亿美元，是"二战"中世界损失总和的5.9倍。
>
> 　　股灾爆发后，美国政府委派以布雷迪为首的特别小组研究

---

① 王小丽：《股票和股指期货跨市场监管法律制度研究》，安徽大学博士学位论文，2012。

股灾发生的原因。布雷迪小组的分析研究认为，以电子化平台为条件的股指期货程序交易和信用经济条件下的投资组合保险是此次股市崩盘的主要原因。在程序交易主要是指数套利和投资组合保险两种因素驱动下，股指期货价格和现货价格两者之间存在明显的"瀑布效应"。当现货市场的估值过高时，投资者参与的信心就会减弱，导致市场上涨的幅度就会减弱甚至开始出现下跌倾向。为有效规避与分散系统性风险，股票市场的投资者会利用股指期货的保值功能进行投资组合保险，在股指期货市场上大单抛售合约，以期及时出清所持的资产头寸。但是，由于流动性的原因，大量股票现货抛售指令一般无法在市场上快速出清，使得股指期货合约的价格往往低于股票现货市场相对应的股票价格，从而形成正的基差。因此，指数套利者就会在股指期货市场买进股指期货合约，在现货市场卖出相应的股票，由此将股指期货市场上的卖压传递到股票市场。而股票市场的股价下跌又会导致对股指期货市场合约的新一轮抛售。这个过程如此循环往复，使得股指期货市场价格和股票市场现货价格的运行轨迹犹如一条直流而下的瀑布，使已经濒临崩盘的市场雪上加霜，引发了资本市场投资者的恐慌和崩溃，最终导致了股市大灾难的发生。

（四）监管改革

股票市场的发展将倒逼监管当局完善制度环境，同时会增加其所面临的监管难度。

人民币国际化所推动的国内金融市场国际化程度的提升，还将促使监管层不断完善我国股市的制度体系，为开放环境下我国股市的平稳发展创造条件。一方面，与国际市场联通的要求将倒逼监管层弥补国内股市在法规、标准等方面的欠缺和空白。目前，我国在法律法规、财务准则、企业治理等方面仍然与国际市场存在巨大的差距，个别国际化业务处于无章可循、无法可依的阶段。以国际板为例，我国的《公司法》《证券法》在2006年修订的时候并没有考虑境外的公司到境内来上市，因此必须重新制定一套针对该新业务的完整法规。例如，公司法要求公司组织架构须有监事会和独立董事，而在国外，监事会和独立董事属于不同的治理结构，没有监事会的公司又该如何来中国上市？不过，在人民币国际化给国内股市开放造成的压力下，证监会已经从2010年开始就国际板的法律适用、市场定位、投资者保护、财务会计进行认真梳理和研究，同时与有关部委积极地进行沟通协调，研究国际板的制度设计和相关配套规则。

另一方面，我国股市国际化程度的提升也促使监管层积极借鉴国际上的先进市场制度以改进国内现行制度，促进了我国股票市场的融资功能和配置效率。例如，美国、英国、日本和我国台湾地区等对于竞价交易制度和做市商制度结合使用的混合性交易制度给我国股市的发展带来了启发。2014年8月25日，我国正式推出做市商交易制度，核心在于提供估值和流动性。该制度推出以后，大大提高了新三板市场的交易活跃程度，迅速扩大了市场整体规模，也使得市场的融资功能得以真正体现（见图3-14）。未来，随着监管当局不断完善法律法规和改进市场机制，国内将形成更加公开、透明、有效的股市制度环境，从而保障我国股市在开放条件下也能安全稳健地运行。

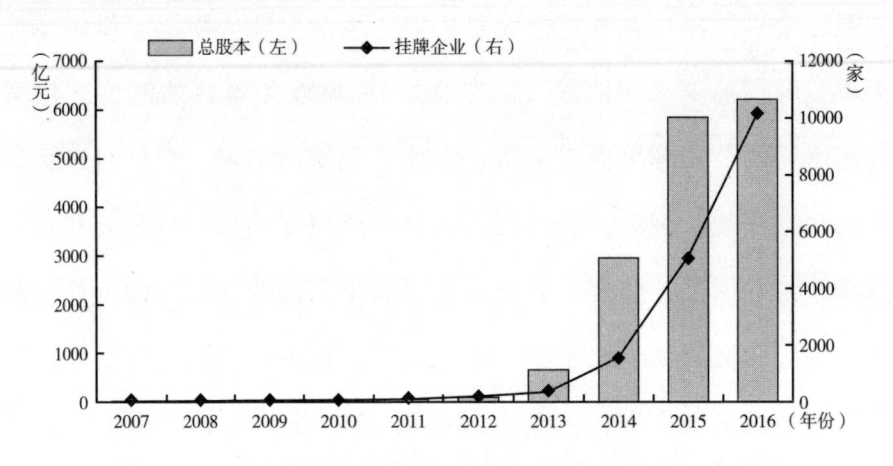

图3-14　2007~2016年新三板挂牌企业数量和总股本

资料来源：Wind数据库。

然而，人民币国家化推动的金融市场开放会加剧国内不同细分市场间的溢出效应，并受到境外金融市场溢出效应的影响，从而加大了监管当局管理和干预市场的难度。一方面，跨境资金流动性的提升将强化股票市场、外汇市场和货币市场的相互溢出效应。由于不同金融资产之间存在替代效应、财富效应、资产组合效应和交易效应等复杂联系，股价与汇率、利率均存在较强且不确定的双向影响。这就使监管当局必须统筹考虑几个市场的目标来制定监管政策，而且各细分市场的监管层也必须加强协作，否则来自股市的波动会迅速波及整个金融市场。例如，1997年东南亚金融危机时，股市投资者的羊群行为减少了东南亚国家股票资产的持有量，财富效应又导致对这些国家货币需求的降低，从而致使货币贬值、利率降低、资本流出加大，进一步加剧了货币贬值。

另一方面，人民币国际化导致我国股市不得不承受来自其他国家市场的溢出效应，因此也给国内监管政策的制定和实施带来了难度。2008年全球金融危机后，美国实施的量化宽松政策导致资金大量涌入新兴市场国家，造成这些国家股市大涨；而在2013年上半年市场预期美国要退出量化宽松政策后，国际资本则开始从新兴市场国家股市撤离。国际投机者的大肆抛售，使以中国为代表的新兴市场国家的股市波动加大且总体呈现走低的趋势（见图3-15）。此外，泰国、菲律宾、墨西哥和印度尼西亚等新兴经济体的股市也都呈现了类似的趋势，而这些国家的政府所能采取的平稳市场的手段很有限。由此可见，股票市场的开放加大了监管难度，给监管当局维护国内金融市场的安全稳定带来了更多挑战。

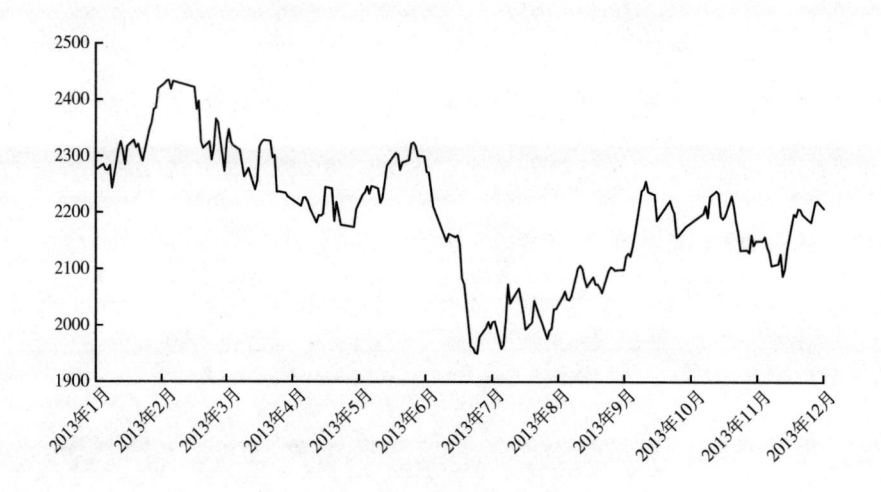

图 3–15 2013 年上海证券综合指数走势

资料来源：Wind 数据库。

三 小结

股票市场的投资群体广泛，对风险因素的反应敏感，因此在实施人民币国际化战略的过程中，对股市开放要尤为慎重。虽然股票市场的开放和发展将有助于提升我国股市的投融资结构，推动国内金融机构的业务创新和升级，并促使国内监管机构改革市场规则和标准，从而在一定程度上促进国内的金融稳定。但是，股市开放同样会导致资金的大进大出，助长国内资产泡沫并增加投机套利活动，并会给监管部门的管理带来难度，从而危害国内的金融安全。

因此，股市开放必须循序渐进且制度先行。在短期内，应先小规模地开放一些相对成熟且有助于促进国内金融市场健康发展的领域，同时加快推进股票市场的制度建设，建立与国际接轨的信息披露制度和会计准则。实际上，前述股市开放对国内金融安全的益处都是建立在监管到位、制度严密的基础上的。可以说完善的制度和标准是我国股市开放后不会对国内金融市场产生剧烈冲击的根本保障。因此，应待长期市场机制已经确立且监管体系已经完备的基础上，再逐渐扩大我国股市的开放力度。

第五节 公司金融

一 人民币国际化与货币错配风险

在世界经济与金融全球化的背景下，发展中国家的经济将不可避免地会受到外部因素的影响，本币不是关键货币的国家都面临货币错配风险。严重的货币错配会对一国经济金融的稳定性和经济政策的有效性产生不利影响。1995年以来，中国作为债权国，一直处于净资本输出的状态，外汇储备快速增长，虽然近几年有所下降，但截至2016年底依然突破了3.53万亿美元。我国越来越多地参与国际贸易和国际资本流动，但由于人民币还不是国际储备货币，也不能完全实现自由兑换，巨额的对外债权使我国积聚了严重的债权型货币错配。

(一)货币错配的界定、测度与国际比较

货币错配概念的提出要追溯到20世纪末,发展中国家货币金融危机频发。从20世纪80年代初席卷拉美地区的债务危机,到20世纪90年代先后爆发的墨西哥货币危机、东南亚金融危机和阿根廷2001～2002年的小畜栏危机(即存款冻结),还有近年的危机——2008年的全球金融风暴、2011年的欧债危机。每一次危机的起因都引起了学者们的深入反思。除了2008年的美国次贷危机之外,其他各次危机的根源基本上与货币错配引起的汇率大幅贬值有关。事实上,2008年的美国次贷危机中,也有些企业利用美元利率低的优势,如韩国的造船企业,对自己的美元应收款项进行远期过度对冲,形成了货币错配而遭受巨大损失。因此学者们认为"货币错配"是导致这些危机爆发的重要的原因之一。

所谓货币错配,是指一个经济主体(政府、企业、银行或家庭)在融入全球经济体系时,由于其货物和资本的流动使用了不同货币计值,在汇率变化时,其资产/负债、收入/支出会受到影响的现象。根据戈登斯坦的定义,在一个权益实体的净值或净收入(或两者兼而有之)对汇率的变动非常敏感时,就出现了"货币错配"。从存量的角度看,货币错配指的是资产负债表(即净值)对汇率变动的敏感性;从流量的角度看,货币错配则是指损益表(即净收入)对汇率变动的敏感性。净值/净收入对汇率变动的敏感性越高，货币错配的程度也就越严重。① 根据权益实体的外币资产和外币负债的相对大小，货币错配又分为债权型和债务型两类。

我国作为发展中的经济大国，亦不可避免地存在货币错配问题。由于我国是"非中心货币国家"，只能用外币对外部债权进行计值，同时由于我国外部经济的不平衡，以外币计值的外部债权规模大，风险敞口突出。为具体评估我国的货币错配风险，我们选用经裴平和孙兆斌②根据我国实际情况和数据的可得性等综合考虑调整后的 AECM*指数③，并选取了 1985~2015 年的贸易收支、国外净资产以及外币债务在全部债务中的比重的年末数据，剔除了制度变迁等其他因素的干扰，对中国 1985~2015 年的货币错配程度进行了测度，结果如图 3-16 所示。

从图 3-16 中我们可以看出，中国属于债权型货币错配（净外币资产为正），并且在 1985~2015 年，错配程度虽有一定的波动，但整体上处于一个上升的态势。由此可以判断，我国的货币错配状况已经非常严峻。

---

① 〔美〕莫里斯·戈登斯坦、菲利浦·特纳：《货币错配——新兴市场国家的困境与对策》，李扬、曾刚译，社会科学文献出版社，2005。
② 裴平、孙兆斌：《中国国际收支失衡与货币错配》，《国际金融研究》2006 年第 8 期。
③ $AECM^* = \frac{NFCA^*}{GDP} \times \frac{GDP}{MGS} \times RFT^*$ （$NFCA^* > 0$，$AECM^* > 0$），其中，$NECA^*$ 表示国外净资产，RFT^* 表示外币债务在全部债务中所占比重，MGS 表示进口额（以美元计值）。从上式可以看出，在一定时点上，货币错配的程度主要取决于国外净资产、进口额、GDP，以及外币债务在全部债务中所占的比重等。

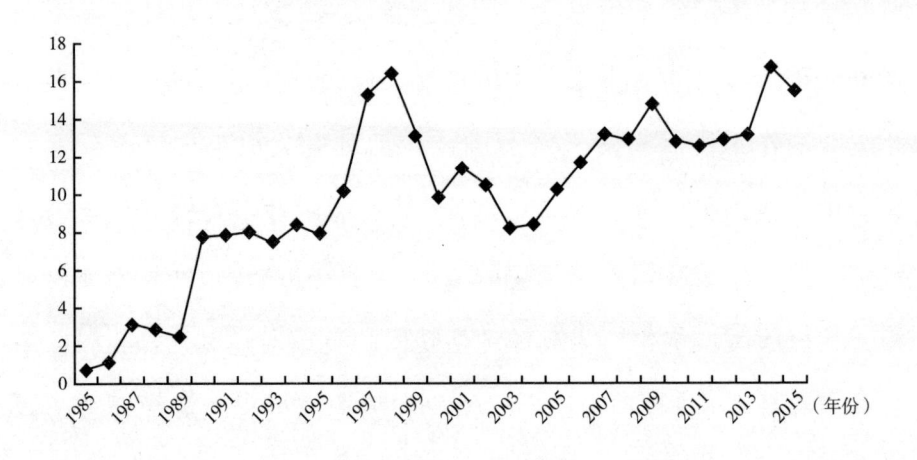

图 3–16　中国货币错配程度的变化趋势

在图 3–17 中,我们可以很直观地对比 1997 年亚洲金融风暴期间中国与曾发生过严重金融危机的代表性国家的 AECM 估计值。很明显,在金融风暴前期和爆发期间,我国与其他国家的实际货币错配总额指标(AECM)的绝对值都较大,并且除了金融形势恶化的印度尼西亚,大部分年份中国的货币错配程度都高于在金融危机中受到沉重打击的韩国、马来西亚、泰国和菲律宾。这足以说明我国货币错配的严重程度。客观来说,我国之所以能在 20 世纪末的东南亚金融危机中独善其身,很大程度上得益于当时事实上的固定汇率制、严格的强制结售汇制和资本项目管制。我国对外汇实行严格的管制,未开放资本项目,限制了国际游资的自由流出与流入,这就构筑了一道防火墙,消除了国际上的投机资金对我国脆弱的金融体系的冲击。

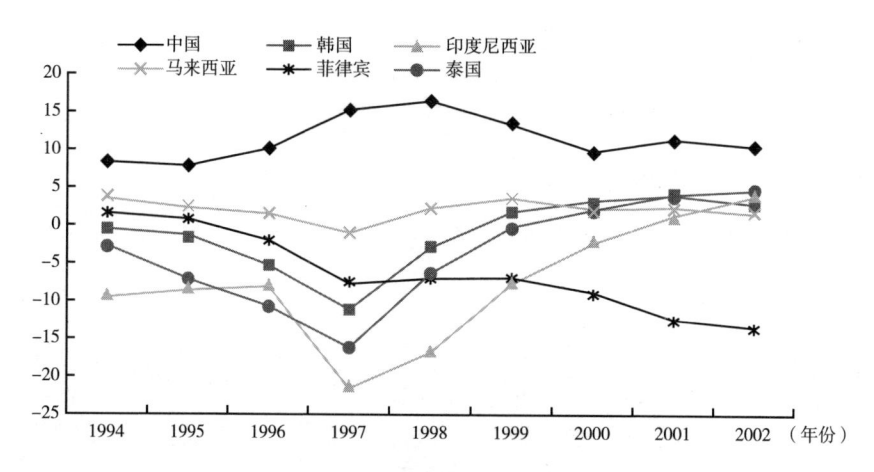

图3-17 中国与亚洲曾爆发严重金融危机国家的
AECM估计值的比较

资料来源:〔美〕莫里斯·戈登斯坦、菲利浦·特纳《货币错配——新兴市场国家的困境与对策》,李扬、曾刚译,社会科学文献出版社,2005。

（二）人民币国际化进程中的货币错配风险

1. 货币错配风险的宏观、微观表现

根据货币错配的定义,我们可以看出不同层面都可能存在货币错配,并对经济发展和金融安全产生影响。

在宏观层面上,大规模的货币错配会对一个国家金融体系的稳定性、货币政策的有效性、汇率政策的灵活性和产出等方面造成巨大的不利影响,甚至可能引发货币乃至金融危机。（1）货币错配使一国金融系统变得脆弱,增加了金融危机爆发的可能性。Bunda认为在金融自由化和监管缺失的情况下,新兴市场国家资产负债表上的期限错配和货币错配相结合会导致短期外币债务和投资的内生积累,从而实际汇率升值。当发生实际的不利冲击时,同样的积累过程会反向进行,导致货币贬值,并引发货币危机或国际收支危机。此外,货币错配会与期限错配相互作用,并加剧期限错配,使金融脆弱性变得更为严重。[①] (2) 货币错配还会在发生外部冲击时降低货币政策的有效性。在国际性经济衰退导致国外需求减少时,一国货币政策的正常反应是降低利率,刺激国内需求,并让本币适度贬值,以确保隔断国际经济衰退的影响。但是,在存在货币错配的情况下,如果调低国内利率,会引起本币贬值,而贬值将导致上述的金融脆弱性;如果通过提高利率来维持本币汇率,那么企业的财务负担会加重,总需求将下降,经济衰退可能会更严重。(3) 货币错配也会对一国汇率制度的选择及汇率政策的实施带来困难。货币错配引起的金融脆弱性使发展中国家虽然名义上实行弹性汇率制度,但实际上将汇率维持在对某一货币的一个狭小区间内,形成了所谓的"浮动恐惧"(fear of floating)。(4) 在出现外部冲击时,货币错配还会导致投资的收缩及产出的收缩和波动。在存在货币错配的情况下发生贬值时,政府将在维持固定汇率的成本(非贸易部门的通货紧缩和国内产出的损失)和放弃固定汇率的成本(国家信用的损失)之间进行权衡,但两种情况下产出都会收缩。[②]

---

① Mckinnon, R. (2005), "Exchange Rate er Wage Changes in International Adjustment?" *International Ecoaomics and Economic Policy*, 2 (2-3), 261-274.
② Bunda, I. (2003), "Origins of Maturity and Currency Mismatches in the Balance Sheets of Emerging Countries: A Theoretical Approach", Symposium on Banking and Monetary Economics, Birmingham, UK, June.

从微观层面来看，一个企业乃至一个家庭，如果其资产与负债或收入与支出存在货币错配情况，那么其净值就不可避免地面临汇率波动带来的风险。但是，货币错配对企业的影响具有"双刃剑"效应。对于存在货币错配的企业，汇率变化会产生扩张性效应（贸易企业）和资产负债表效应。[①] 如果扩张性效应大于资产负债表效应，则对企业有利；反之，如果扩张性效应小于资产负债表效应，同时货币错配引起企业所支付的外部融资溢价上升，会导致许多企业净值和产出下降，进而无法偿还债务而破产。当然，货币错配对企业的具体影响还应考虑该企业货币错配的规模、企业的性质（是否为贸易企业）以及贸易企业的出口结构、贸易条件、收支的币种结构等其他因素。

更需注意的是，宏观、微观层面的货币错配影响是会相互作用的。一方面，货币错配对微观主体的影响会传导至银行等金融机构（尽管它们本身可能并不存在货币错配），并叠加和传导至宏观层面，造成整个金融体系的脆弱性，影响一个国家宏观经济的稳定。另一方面，货币错配在宏观层面的影响——如浮动恐惧（固定汇率制度），导致企业对货币错配风险不敏感，从而使货币错配不断累积。

---

① Magud, N. E. (2010), "Currency Mismatch, Openess and Exchange Rate Regine Choice", *Journal of Macroeconomics*, 32（1），68 – 69.

2. 推进人民币国际化对我国货币错配风险的影响

我国货币错配现象复杂，货币错配的性质不同于 20 世纪末爆发危机的发展中国家，表现为大规模的净外币资产。我国之所以能幸免于 20 世纪末的东南亚金融危机，与当时事实上的固定汇率制、严格的强制结售汇制和资本项目管制的庇护分不开。在我国实行强制结售汇制度时期，由于所有的外汇必须卖给银行，所有的外汇支出必须向银行购买，汇率变动导致的货币错配风险基本是由中国政府和金融机构集中承担了，从而避免了微观部门由于汇率波动而导致的破产连锁反应。但是，从另一方面看，政府的这种"庇护"同时使中国的企业几乎忽略了汇率变动的风险和货币错配的危害，导致了我国货币错配风险的不断累积和扩大。

当前，2008 年全球金融危机引发的世界经济衰退将长期化，以美元为主导的不合理、不公正的国际金融货币体系正日益受到质疑，一些新兴市场国家已开始致力于推动本币加入全球货币体系，2009 年人民币国际化战略也正式启动。人民币国际化的推动将会对货币错配风险的释放产生正反两方面影响。

一方面，应人民币国际化的需要，我国的各项经济制度改革正逐一提上日程。强制结售汇制度逐步退出历史舞台，利率市场化、外汇体制改革在不断深化，资本账户开放步伐也在不断加快，我国货币错配的风险正逐步向微观经济领域扩散。随着人民币国际化的推进，汇率将更具有弹性，剧烈波动的本币汇率将会把货币错配的风险逐步暴露出来。例如，在2015年"8·11汇改"后，人民币贬值预期明显，出现了8月和11月连续两次剧烈的贬值。但是人民币的贬值不仅是由于汇改本身，人民币加入SDR、美联储加息、央行公布CFETS人民币汇率指数等，种种因素改变了投资者对人民币汇率的预期，引发了外汇市场的剧烈波动。但从我国目前的情况来看，随着资本项目逐渐开放，人民币在未来几年将恢复升值预期，大量热钱将通过贸易的形式流入国内，使外汇储备增加，从而加剧货币错配程度。随着汇率形成机制弹性化的不断增强，企业等微观经济主体对货币错配的风险将更加敏感，其行为会通过资产负债表效应放大。并且我国目前的金融衍生产品市场不发达，企业的外币借款无法进行有效保值，因此它们将面临大额的货币暴露，这必将增加货币错配风险，给我国企业的生存和发展带来极大的考验。

另一方面，人民币在国际货币体系中处于弱势地位，对外贸易交往或投资、融资过程中很难直接用人民币定价、结算，即存在所谓的"原罪"困境。这是中国目前累积了巨额货币错配的一个重要原因，想要真正解决货币错配的问题，最根本的方法还是实现人民币国际化，使其最终成为国际金融市场的定价和结算工具。因此，虽然在推进人民币国际化的过程中会暂时恶化微观经济主体的货币错配风险，使金融安全受到威胁，但是这个风险暴露的过程也会使微观经济主体增强风险意识，更有动力去控制自身的货币错配规模。有关部门若能增强金融监管力度，有效地提高企业的抗风险能力，一旦人民币国际化实现，将会进一步促进中国对外贸易和投资的发展，极大地缓解甚至最终消除我国货币错配风险。

二 微观经济主体货币错配影响中国金融安全的主要机制

随着人民币国际化的推进，中国的货币错配风险正逐步向微观经济领域积聚。微观经济主体累积的货币错配主要通过以下机制对金融安全产生影响。

（一）资产负债表效应

对于一个企业来说，企业净值等于企业资产减去企业负债。当企业的部分资产或负债以外币计值时，企业净值将受到以本币计值的资产与负债差额的变动、以外币计值的资产与负债差额的变动和汇率的波动三个方面的影响。而货币错配对于外贸企业和非对外贸易企业来说影响不同，因此分别讨论。

1. 外贸企业

外贸企业是指从事对外贸易（进出口）的企业，其业务往来重点在国外，通过市场的调研，把国外商品进口到国内来销售，或者收购国内商品销售到国外，从中赚取差价。经典的西方经济理论认为，在一定条件下本币贬值将导致出口增加；本币升值将导致出口减少。这里我们暂不考虑这种扩张性效应，只关注汇率波动的资产负债表效应。

当外贸企业出口产品时：（1）若原材料是国外进口，出口货物以外币标价，对外币借款产生保值和支持的作用，货币错配不会很严重。在正向货币错配时，本币贬值使企业净外币资产的本币价值增加，企业净值增加；在负向货币错配时，本币贬值使企业净外币负债的本币价值增加，企业净值减少。但是，这种情况下的货币错配情况都不是很严重，所以汇率变动对企业净值的影响也不大。（2）若原材料是国内的资源，出口货物以外币标价，企业存在以外币计值的净资产，在未保值的情况下产生正向的货币错配。本币贬值将使企业净外币资产的本币价值增加，企业净值增加；本币升值使企业净外币资产的本币价值减少，净值减少。

当外贸企业进口产品，在国内进行产品生产和销售时，产生以本币标价的现金流，企业存在以外币标价的净债务，在未保值的情况下产生负向的货币错配。当汇率变动时，本币贬值使企业净外币债务的本币价值增加，净值减少；本币升值使企业的净外币债务的本币价值减少，净值增加。

2. 非对外贸易企业

非对外贸易企业由于不发生进出口贸易，其货币错配主要是由于将外币用于国内的生产和投资，或是在国外进行外币投资，在企业的资产负债表上产生了负债（资产）以外币标价，资产（负债）

以本币标价。(1) 将外币用于国内的生产和投资，汇率波动时，本币升值将导致企业的外币债务的本币价值减少，企业净值增加；本币贬值将导致企业的外币债务的本币价值增加，企业净值减少。(2) 在国外进行外币投资，汇率波动时，本币升值将导致企业的外币资产的本币价值减少，企业的净值减少；本币贬值将导致企业的外币资产的本币价值增加，企业的净值增加。而由于非对外贸易企业可能没有以外币标价的资产（负债），当汇率波动时，其货币错配情况相比外贸企业来说可能更加严重。

作为经济活动的主体，企业的货币错配的根本原因是其对于资金的需求。在负向的货币错配下，本币贬值导致企业净值减少，同时投资和产出也将减少，最后企业可能因为资不抵债而破产。货币错配对进口与出口大体平衡的外贸企业的影响要小于只进口不出口或者只出口不进口的企业，并且对采用了货币风险对冲工具的企业的影响要小于没有对货币风险进行规避的企业。

更为重要的是，如果出现了大面积外币资产缩水引发财务困难而无法归还贷款，那么就会对银行等金融体系造成冲击，进而影响金融体系的稳定。

（二）资产组合效应

资产组合效应是货币存量的增减引起资产结构重新组合，进而使经济发生实质性变化的作用。资产组合理论是指投资者根据不同资产的收益率均值和方差来分配个人财富的一种方法。Lee

R. Thomas认为投资者在真实财富的约束下,将会根据不同币种计值的金融产品的风险和收益来配置自己的财富,以求达到消费者效用的最大化。① Augusto de la Torre 和 Sergio L. Schmukler 指出,由于发展中国家存在较高的系统性风险,因而微观经济主体普遍倾向于持有以外币计值的合约,这导致这些国家产生了较为严重的部分美元化的现象。② 可见,在本币贬值的预期下,微观经济主体在金融市场上抛售本币资产的资产选择行为可能最终导致本币的贬值,这导致拥有外币负债的实体经济部门以本币计值的债务负担的加重,引发这些部门的财务困难,其对经济的影响渠道可表示为:本币贬值预期→经济主体抛售本币资产→本币贬值→拥有外币负债的实体经济部门负债增加→财务困难→金融风险。

而在本币升值的预期下,微观经济主体在金融市场上抛售外币资产的行为可能最终导致本币的升值,这导致拥有外币资产的实体经济部门以本币计值的资产缩水,进而会引起投资的减少和经济的收缩,其对经济的影响渠道可以表示为:本币升值预期→经济主体抛售外币资产→本币升值→拥有外币资产的实体经济部门资产缩水→财务困难→金融风险。

---

① Thomas. L. R. (1985), "Portfolio Theory and Currency Substitution", *Journal of Money, Credit and Banking*, 17 (3), 347-357.
② Torre, A. D. L. and Schmukler, S. L. (2004), "Coping with Risks through Mismatches: Domestic and International Financial Contracts for Emerging Economies", *International Finance*, 7 (3), 349-390.

(三) 净值效应与竞争效应

净值效应影响金融安全的作用机理为：信息不对称所导致的代理成本使信贷市场的贷款往往以抵押贷款的形式存在，因此，企业的投资规模受到其净值（净财富）的限制。一方面，如果企业的净值不断下降，不仅自身可用于再投资的资产减少，还将导致企业面临更为严格的信贷约束，融资能力下降，从而使企业不得不缩减投资规模，对当前和未来的产出及经济增长造成负面影响；另一方面，若企业的净值上升，在其他条件不变的情况下，会改善企业的资产负债表状况，企业可以借入更多的资金进行投资，扩大生产，从而促进经济的增长和繁荣。

上面的分析，我们是建立在汇率的变动不影响实体经济，不影响公司的现金流，只影响会计折算的基础上的。下面我们放松这一假设，考察汇率变动引起的贸易或产出的变动，即竞争效应。[①]

根据研究汇率变动与进出口之间最为经典的弹性理论（马歇尔—勒纳条件，"J曲线"效应理论），我们知道，在非充分就业的假定下，当本币贬值时，本国出口产品以外币计值的价格将下降，从而增强了竞争力，促进了出口，抑制了进口，随着未来收入的增加，最终使其融资潜力得到增强。因而，我们认为，贬值的竞争效

[①] Luengnarciemitchai, P. (2003), "The Asion Crises and the Missing Balance Sheet Effect", Department of Economics, University of California at Berkeley, http://eml.berkeley.edu.

应会促进一国出口行业的发展,并带动其国内相关企业投资规模的增加。当本币升值时,由于同样的作用机制,出口会受到抑制,进口会增加。

一些经济学家对此进行了实证研究。Clarida 研究了汇率变动对美国出口商利润的影响,发现二者之间有显著的正相关关系。① Forbes 在 1997~2000 年的区间内,用 42 个国家 13500 个公司的数据检验在 12 次"主要贬值"后的结果。结果表明,在贬值后的一年内,公司的资本性投资明显增长,但净收入只有较低增长;有着更高外国销售收入份额的公司有更好的表现;而高债务权益比的公司贬值后只有较低的净收入。②

从整体来看,一国汇率贬值引起产出变动,一般均得到了证实,即使短期内不太明显,在长期内均成立。

下面,我们综合考察净值效应与竞争效应两方面的作用机制。

首先考察存在债务型货币错配的情况。

净值效应:

(1) 本币贬值→企业净值下降→投资减少→产出下降→经济收缩。

---

① Clarida, R. H. (1997), "The Real Exchange Rate and US Manufacturing Profits: A Theoretical Framework with Some Empirical Support", *International Journal of Finance and Economics*, 2 (3), 177-187.

② Forbes, K. J. (2002), "No Contagion, Only Interdependence: Measuring Stock Market Comovements", *The Journal of Finance*, 57 (5), 2223-2261.

（2）本币升值→企业净值上升→投资增加→产出上升→经济增长。

竞争效应：

（1）本币贬值→出口产品价格（以外币计值）下降→出口产品国际竞争力增强→产出上升→经济扩张。

（2）本币升值→出口产品价格（以外币计值）上升→出口产品国际竞争力减弱→产出下降→经济收缩。

其次考察存在债权型货币错配的情况。

净值效应：

（1）本币贬值→企业净值上升→投资增加→产出上升→经济增长。

（2）本币升值→企业净值下降→投资减少→产出下降→经济收缩。

竞争效应：

（1）本币贬值→出口产品价格（以外币计值）下降→出口产品国际竞争力增强→产出上升→经济扩张。

（2）本币升值→出口产品价格（以外币计值）上升→出口产品国际竞争力减弱→产出下降→经济收缩。

表3-10总结了以上八种情况，可以使我们更清晰地判别两种效应对产出的叠加影响。

表 3-10　净值效应与竞争效应对产出的影响

	本币升值		本币贬值	
	净外币资产	净外币负债	净外币资产	净外币负债
净值效应	−	+	+	+
竞争效应	−	−	+	+

注："+"表示产出上升，"−"表示产出缩减。

从表 3-10 我们可以看出，本币浮动与货币错配构成了净值效应与竞争效应的四种组合。在净外币负债的情况下，无论本币是升值还是贬值，这两种效应对产出的作用机制都是相反的，可以相互抵消。因此，在评价贬值对存在货币错配企业的影响时，应综合考虑以上两个方面，哪种效应更大，最后结果将表现哪种方向？而对于存在债权型货币错配的国家，本币升值或贬值所带来的企业净值效应和竞争效应对经济的影响是同向的。尤其是净外币资产+本币升值时，两种效应均对产出有缩减作用，并且相互影响、相互叠加。而我国目前恰恰属于这一种情况。

以上四方面的作用机制，是货币错配在汇率波动的情况下通过改变微观经济主体的财务状况，导致众多微观经济主体调整其经营决策和行为，从而传导至宏观层面，对一国的宏观经济和金融安全产生影响的。四种作用机制彼此间并不孤立，而是相互叠加、相互影响的。除了各自拥有货币错配下对经济和金融安全产生影响的路径，基于以上对四种效应的剖析，我们还能得出图

3-18中四者在传递货币错配时对金融安全影响中的联系和相互作用关系。

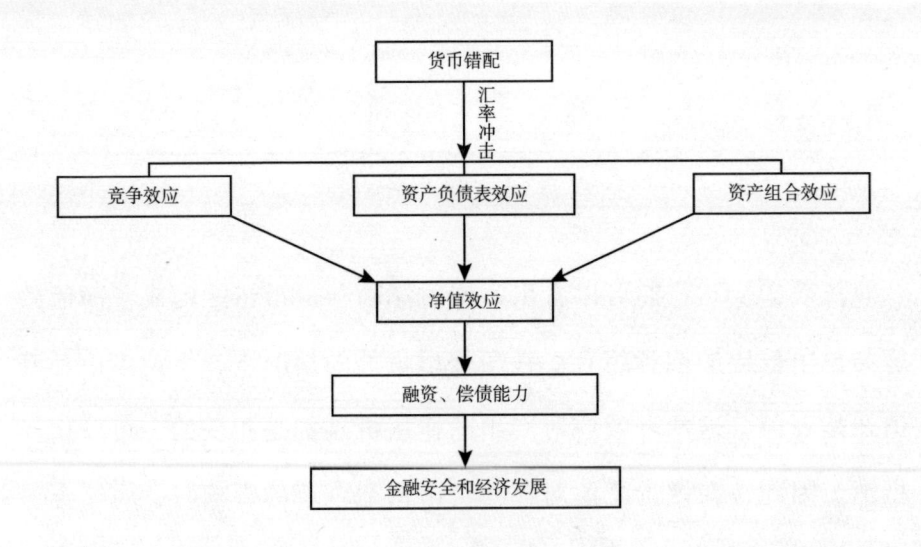

图 3-18 四种作用机制的联系及共同传递流程

三 小结

随着中国经济的快速发展和对外开放程度的不断提高，人民币国际化已是一个必然的趋势。在人民币真正成为关键货币之前，货币错配始终是我国无法避免的问题，并会通过相互影响的四种作用机制从宏观、微观层面威胁我国的金融安全。人民币国际化的推进将对货币错配风险的释放产生正反两方面影响。

一方面，随着人民币国际化的推进，资本账户将进一步开放，强制结售汇制退出历史舞台，汇率制度和利率市场化改革也会不断深入，原本由中国政府和金融机构承担的汇率风险将大部分转移到市场上来，企业将成为承担货币错配风险的主体。剧烈波动的本币汇率和国际游资的冲击都会激发货币错配风险的暴露，企业等微观经济主体对货币错配风险将更加敏感，其行为会通过资产负债表效应进一步放大。并且，我国目前的金融衍生产品市场不发达，企业对外币借款无法进行有效保值，这都增加了货币错配的风险。更为重要的是，货币错配对微观经济主体的影响会传导至银行等金融机构（尽管它们本身可能并不存在货币错配），并叠加和传导至宏观层面，从而造成整个金融体系的脆弱，倘若解决不好便会直接或间接地影响我国的宏观经济稳定和金融安全以及各微观经济主体的利益。

另一方面，随着人民币国际化的推进，没有了政府托底的企业将不得不直面汇率风险，从而更有动机去控制货币错配规模，减少企业的货币错配的状况。此外，人民币不能对外行使债权是中国目前累积了巨额货币错配的一个重要原因。因此，人民币国际化将是缓解甚至最终消除我国货币错配的一个终极解决方案。人民币国际化实现后，企业在对外经济交往中将使用人民币计价、结算，从而将极大地降低汇率风险，对外贸易和投资也将更加便利。长远来看，人民币国际化将有利于促进我国的经济发展和金融安全。

总体来说，从国内看，当前我国的宏观经济尚不稳定，微观机制有待健全，金融体系较为脆弱；从国际来看，国际货币的使用具有惯性，且现有的国际货币发行国为了本国的利益也将阻挠人民币成为国际货币。重重阻力的存在使人民币国际化绝无可能在一朝一夕完成，而将是一个漫长的过程。但只要在这个过程中，有关部门增强金融监管力度，完善金融监管机制，培育并规范金融衍生品市场，加强对货币错配的审慎性监控，提高企业抵抗风险的能力，一旦人民币国际化实现，我国的金融安全将得到更好的保障。

第六节 离岸市场

一 人民币国际化与人民币离岸市场的发展

（一）货币国际化、离岸市场发展与金融安全

离岸市场是为非居民提供以金融交易为核心的中介业务的市场[①]，在一国货币国际化的过程中具有重要作用。离岸市场的发展一方面会扩大本币国际流通规模，拓展国际市场上本币的投融资渠道；另一方面对于国内金融部门尚未完全开放的国家而言，离岸市场可以疏通本币在非居民之间以及居民与非居民之间的流通渠道，形成本币在境外的初始流动性及定价体系。

[①] Rose, A. K. and Spiegel, M. M. (2005), "Offshore Financial Centers: Parasites or Symbionts?" Fedeal Reserve Bank of San Francisco, Working Paper Series, 05/05.

2008年全球金融危机爆发后，一些新兴市场国家开始致力于推动本币加入全球货币体系，发展离岸市场也成为其政策着力点之一。对于这些国家而言，离岸市场的发展有助于提升其本币的国际认可度和接受度，同时使货币当局仍然能够对资本账户的开放进程保留一定的控制权。[1] 从这一角度看，通过离岸市场来推进本币国际化将有助于维持国内金融市场的稳定。另一方面，也有不少研究表明，离岸市场的存在给国内金融市场带来了风险，因此应慎重考虑。[2]

（二）人民币离岸市场与美元、日元离岸市场的比较

1. 人民币离岸市场的发展

2003年中国人民银行和香港金管局签署《合作备忘录》，为香港开展离岸人民币业务铺平了道路，也拉开了人民币离岸金融中心的序幕。2004年2月香港持牌银行开始提供人民币个人业务，2005年底香港个人人民币业务范围进一步扩大且香港汇入内地的人民币金额上限得到提升。2007年1月，中国政府同意内地机构在香港发行人民币计价的金融债券（简称点心债），7月国家开发

---

[1] He, D. and McCauley, R. N. (2010), "Offshore Markets for the Domestic Currency: Monetary and Financial Stability Issues", Bis Working Papers.

[2] 殷剑峰：《人民币国际化："贸易结算+离岸市场"，还是"资本输出+跨国企业"？——以日元国际化的教训为例》，《国际经济评论》2011年第4期。向宇、朱海波：《香港人民币离岸市场对我国短期资本流动波动性的冲击——基于跨境人民币贸易结算的角度》，《内蒙古社会科学》（汉文版）2013年第11期。王书朦：《人民币国际化进程中对离在岸市场资金流动的思考》，《金融理论与实践》2016年第1期。

银行在香港发行了首只点心债。

2009年人民币国际化战略正式启动，加速了海外人民币离岸市场的发展。2010年7月，央行与香港金管局签署协议，打通了香港和内地银行间人民币流动的通道。随着离岸人民币汇率体系（CNH）的建立，香港成为第一个可令人民币"落地"交割的离岸"实体"市场。2011年1月，新加坡的银行开始接收人民币存款，提供人民币理财产品，标志着新加坡人民币离岸市场正式形成。2012年4月，伦敦金融城启动"人民币业务中心计划"，提出将伦敦打造为人民币业务的"西方中心"。2012年8月，央行和台湾货币管理机构签署合作备忘录，同意建立两岸货币清算机制。此后，法兰克福、巴黎、卢森堡、悉尼、多伦多、首尔等地的人民币离岸市场相继建立起来。

2. 美元和日元离岸市场的发展

美元离岸市场的发展可以追溯到20世纪50年代。1944年布雷顿森林体系建立，确立了美元作为国际储备货币的地位。"二战"后，欧洲各国迫于货币贬值的压力不断增持美元储备，加上美国通过马歇尔计划等措施有意鼓励美元外流，欧洲美元市场于50年代形成。进入60年代，美国出台了"利息平衡税"和"国外直接投资规则"等政策以约束资本流动，促使离岸美元业务在欧洲发展壮大。70~80年代，世界各国开始金融自由化进程，美国也取消了"利息平衡税"等限制，并允许银行跨国经营，从而推动美国银行在西欧、东亚、中东和加勒比海地区加速扩张,带动了各地离岸金融中心的发展。

日元离岸市场约始于20世纪70年代。日本经济在60~70年代的崛起和1973年布雷顿森林体系的解体,使日元在国际货币体系中崭露头角。随着国际上对日元需求的增长,海外金融机构持有日元存款的动机日趋强烈,于是欧洲日元市场在70年代应运而生。80年代初,日本政府逐渐放松了外汇管制,修改《外汇法》并实现了资本项目可兑换。1984年2月,日本大藏省发布《金融自由化与日元国际化的现状和展望》,提出日元国际化的具体措施,包括金融自由化、欧洲日元自由化和建立东京离岸市场。此后,日元在伦敦、新加坡、香港、纽约等地的交易量迅速提升,世界各地的日元离岸市场也随之发展起来。①

3. 人民币离岸市场的特殊性

首先,人民币离岸市场与美元和日元离岸市场形成的主要动力不同。美元和日元的离岸市场是基于境外的货币需求自然形成的,而人民币离岸市场则主要是在中国政府的政策推动下建立起来的。这就意味着,中国政府在人民币离岸市场的发展过程中仍然具有一定的掌控能力,但是非市场驱动型的离岸市场的发展过程中也可能蕴含着潜在的金融风险。

其次,人民币离岸市场与美元和日元离岸市场是在不同的资本账

---

① 陈虹:《日元国际化之路》,《世界经济与政治》2004年第5期。

户开放条件下发展起来的。美元作为国际储备货币，一直具有资本账户可兑换的特点。日本在20世纪80年代确立了日元国际化战略后，也立即开放了资本账户。而我国目前资本账户仅有限开放，因此与美国和日本将离岸市场视为扩大本币国际流通的一种补充形式不同，我国离岸市场是在金融市场开放不足的情况下为国际市场提供本币流动性的必要途径。这就意味着，虽然短期内离岸市场暂缓了资本账户开放的压力而有助于保护国内金融市场，但是长期与在岸市场分割的离岸市场在资本账户开放后可能会对国内金融市场造成更大的冲击。

最后，人民币与美元和日元在离岸市场上扮演的角色存在差异。作为核心的国际货币，美元不仅成为各国外汇储备的首选货币，也是离岸市场中最活跃的融资和投资货币。日元由于可自由兑换、利率低和汇率稳定等特性，成为离岸市场上主要的融资货币和避险货币之一。人民币受到前些年升值因素的驱动，正在逐渐发展为国际投资货币。这一趋势对人民币金融资产提出了更高的要求，因此给国内相对落后的金融市场带来挑战。同时，相比在国际金融市场已经具备稳定地位的美元和日元，离岸人民币的交易更易出现市场波动，并进而影响国内金融稳定。

（三）人民币离岸市场的发展现状

自2009年人民币国际化启动以来，人民币离岸市场发展迅速。一方面，离岸市场的基础设施建设和流通体系不断完善。2009年，香港建立了人民币即时支付系统的全面开放式平台，率先完成了连

第三章 | 人民币国际化对中国金融安全的影响：市场与机构视角

接国内与国际支付市场的清算基础设施建设。此后，中国台湾和新加坡在 2013 年成为人民币清算中心，法兰克福、伦敦、巴黎等八地也在 2014 年加入了离岸人民币清算中心的行列，形成了遍布全球主要金融市场的多中心清算模式。这进一步推动了离岸市场之间的人民币流动，也扩大了第三方使用的规模。根据中国银行的《人民币业务白皮书》，在 2013 年仅有 10% 的境外企业与中国大陆以外的第三方之间发生过人民币跨境收付，而 2014 年这一比例提升至 41%。上述进展推动人民币离岸市场良性发展，并有助于缓解离岸市场可能给国内金融市场造成的压力。

另一方面，大量的套利套汇交易成为离岸人民币业务的重要组成部分。2008 年全球金融危机后人民币持续走强，不仅汇率一直呈升值趋势，利率也显著高于主要发达国家。于是，大量的银行、投资机构和跨国公司被吸引在人民币离岸市场进行套利投资，特别是人民币兑美元几乎成为当时全球市场上最大的套利货币组合。此后，随着离岸、在岸市场机制的差异，套利活动在这两个市场间大规模展开，其途径包括 RMB NRA 账户套利、上海自贸区 FT 账户套利、通过构造贸易进行套利、出口货款经中介境外结汇、人民币远期与 NDF 套利等。[1] 这些活动导致离岸市场资金出现大幅波动，例如，香港离岸市场的人

---

[1] 姜超：《人民币跨境套利的 5 种路径》，腾讯财经，2015 年 10 月 4 日，http://finance.qq.com/cross/20151004/jj75p3p6.html。

民币存款在 2014 年底曾达 1 万亿元,但随着人民币贬值,2017 年底已降至 6194 亿元。这种资金的大幅波动无疑将给国内金融市场带来冲击。

二 人民币离岸市场影响中国金融安全的主要机制

(一)境内企业离岸业务发展

离岸市场的发展拓宽了境内企业开展风险管理的渠道,但也打开了其规避国内监管的后门。人民币离岸市场的发展,拓宽了中国企业对国际业务进行风险管理的渠道。随着中国企业国际化程度的提升,其外汇风险的暴露程度明显增加,而这也成为不利于我国金融安全的潜在因素。2012 年,1676 家上市公司中有 1050 家存在汇兑损失,损失总额高达 24.72 亿元。[①] 在这种情况下,人民币离岸市场外汇衍生品的推陈出新,有效地缓解了一直以来我国外汇风险管理工具不足的问题。如表 3-11 所示,2010 年离岸可交割远期合约(DF)的出现弥补了境外人民币远期产品不可交割的缺陷,2012 年离岸人民币期货的推出又补充了境外缺乏人民币可交割期货产品的不足。不断丰富的离岸金融产品使我国企业能够更加有效地规避外汇风险,也在很大程度上有益于我国整体金融安全。

---

① 解春泉、王宁:《上市公司去年汇兑损失 24.7 亿元 业界呼吁尽快推出外汇期货》,《证券日报》2013 年 5 月 3 日,http://finance.ifeng.com/stock/ssgs/20130503/7988727.shtml。

表 3-11 境外人民币金融衍生品的发展历程

年份	主要进程
1996	在中国香港和新加坡两个离岸市场推出人民币无本金交割远期（NDF）
2006	恒生银行和东亚银行等香港11家银行推出零售人民币NDF； 美国芝加哥商品交易所（CME）推出人民币兑美元、日元和欧元的期货合约
2010	中国人民银行与香港金管局联合宣布可在香港交割人民币，开启CNH市场； 离岸可交割远期合约（DF）和可交割利率互换（IRS）在香港离岸市场出现
2012	港交所公布离岸人民币期货交易细则，并推出首个离岸人民币期货
2013	CME集团正式开始交易可交割离岸人民币期货，可在香港实物交割人民币
2016	港交所宣布上市一批新的人民币外汇期货合约，包括人民币（香港）兑美元期货、欧元兑人民币（香港）期货及日元兑人民币（香港）期货
2017	港交所推出美元兑离岸人民币期权合约

资料来源：作者根据公开信息整理。

然而，人民币离岸市场的发展也为境内企业规避当局监管提供了捷径，降低了国内宏观调控的有效性，从而不利于国内的金融稳定。以房地产企业为例，由于2010年以来房市调控政策的加强，"涉房"企业很难在境内获得再融资，于是纷纷前往香港离岸市场发债以缓解陡增的资金压力。据汤森金融公司统计，中国房地产企业在2011~2012年共发行了47只债券，涉及金额492.75亿美元。① 这些

---

① 江家岱：《内地房企4月离岸债融资过百亿美元——IMF警告勿"以债养债"》，《中华建筑报》2013年4月23日第015版。

房企受到房价调控和信贷收缩的双重影响,盈利能力严重下降。同时,它们大肆在离岸市场发行高收益债券,致使偿债风险不断提升。除房地产企业以外,其他领域的企业也存在利用离岸市场加大杠杆、开展投机活动的情况。从长期来看,随着资本账户开放程度的提升,企业通过离岸市场开展制度套利的活动将更加便捷和频繁,这显然不利于国内的金融安全。

（二）金融机构的国际竞争

离岸市场的发展为金融机构提升国际竞争力带来了机会,却为其开展投机活动创造了条件。一方面,借着人民币离岸市场的东风,我国金融机构获得了拓展国际业务的机遇,并在此过程中逐渐积累起国际竞争力。相对于境外金融机构,我国金融机构在人民币业务方面无疑具有得天独厚的优势,例如更充足的人民币流动性、更成熟的人民币清算体系、更广泛的人民币客户网络等。这使得我国金融机构虽然在国际化的道路上尚处于探索阶段,却可以在人民币离岸市场上表现活跃。在离岸人民币清算业务方面,中国银行、工商银行、建设银行和交通银行已在香港、新加坡、伦敦、首尔等离岸金融中心建立起连接全球同业银行的清算网络;在离岸人民币债券发行和承销方面,随处可见中国银行、农业银行、中信证券等机构的身影。以中国银行为例,其作为点心债承销商的市场份额常年保持在5%以上,2015年与汇丰银行、渣打银行、巴黎银行和东方汇理银行共同跻身前五大承销商行列（近

第三章 | 人民币国际化对中国金融安全的影响：市场与机构视角

些年的承销情况见图3-19）。随着人民币离岸市场的持续发展，中国金融机构在国际金融市场上的竞争力和话语权也将明显提升，从长期来看这将对中国的金融安全产生积极影响。

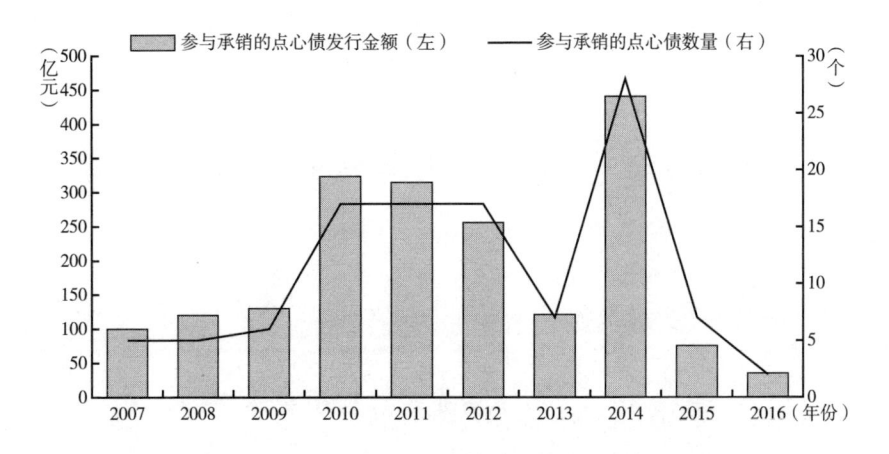

图3-19 中国银行参与承销的点心债的发行金额和数量

注：根据万得数据库中披露牵头经办人和账簿管理人的交易统计，涵盖中银集团下属企业：中银香港、中银国际亚洲有限公司、中银国际证券等。
资料来源：Wind数据库。

另一方面，离岸市场的存在也为境内金融机构开展制度套利和投机活动创造了条件。在这方面，20世纪80年代日本商业银行通过离岸市场开展"再贷款"规避国内金融监管并助长国内金融泡沫的惨痛教训，值得我们深刻借鉴（见专栏3-2）。短期来看，我国当前金融市场开放程度有限、金融资本流动受到严格管制，境内金融机构通过离岸市场进行套利的空间还很有限。不过，在长期人民币国际化将倒逼国内金融市场开放和资本账户可兑换，这可能会助长境内金融机构在两个市场间开展制度套利和投机活动。实际上，香港已经成为大量实体企业从事直接制度套利活动的中转站。2015年，来自香港和流向香港的资金分别占我国吸引外资和对外投资的63.7%和61.6%。而且全球金融危机后香港也体现出对内地金融市场的冲击，其对内地银行业的债权由2009年初的约3000亿港元迅速飙升到2010年底的10000亿港元。可以预见，一旦我国开放资本项目，香港很可能成为金融机构开展人民币资金往返游走的重要通道，从而激起国内金融泡沫膨胀和金融市场动荡。

专栏3-2　日本商业银行利用离岸市场开展"再贷款"运作的教训①

20世纪80年代，日本确立了日元国际化的战略，在国内金融改革尚未真正展开之时就匆匆开放了资本项目。这一时期，日本实施的金融改革主要是资本项目放开的措施，例如欧洲日元贷款业务、日元汇兑管制放开等；而当时国内的金融体系还是一个行政管制盛行的主银行体制。在国内金融管制、对外资本项目放开的背景下，日本的商业银行在离岸市场和在岸市场之间开展了大规模的"再贷款"游戏：日本的富余资金从在岸

---

① 殷剑峰：《人民币国际化："贸易结算+离岸市场"，还是"资本输出+跨国企业"？——以日元国际化的教训为例》，《国际经济评论》2011年第4期。

市场流到离岸市场，又从离岸市场回流到在岸市场。1984~1990年，日本银行业的对外资产由1050亿美元飙升到7250亿美元，同期的对外负债则从1300亿美元飙升到9040亿美元（见图1）。

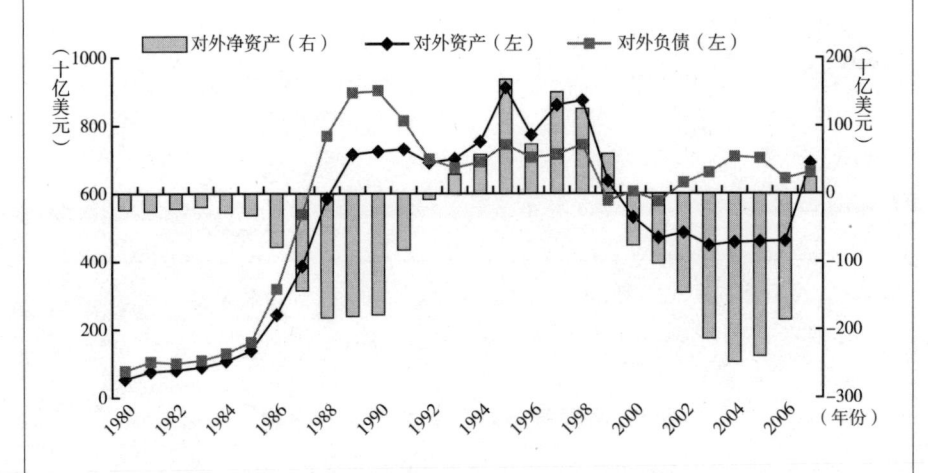

图1　日本银行业的对外资产和负债

资料来源：IMF的IFS数据。

在日本"再贷款"的游戏中，离岸市场成为资金进出的关键通道，而香港是一个重要组成部分。香港对在日本的银行业的负债与对在日本的非银行业的债权高度协同，反映出日元资金从日本银行业流到香港再回流到日本企业部门的路径（见图2）。直到亚洲金融危机爆发后，通过香港的日元"再贷款"游戏才偃旗息鼓。通过离岸市场中转，流出日本的资金再次回流到国内

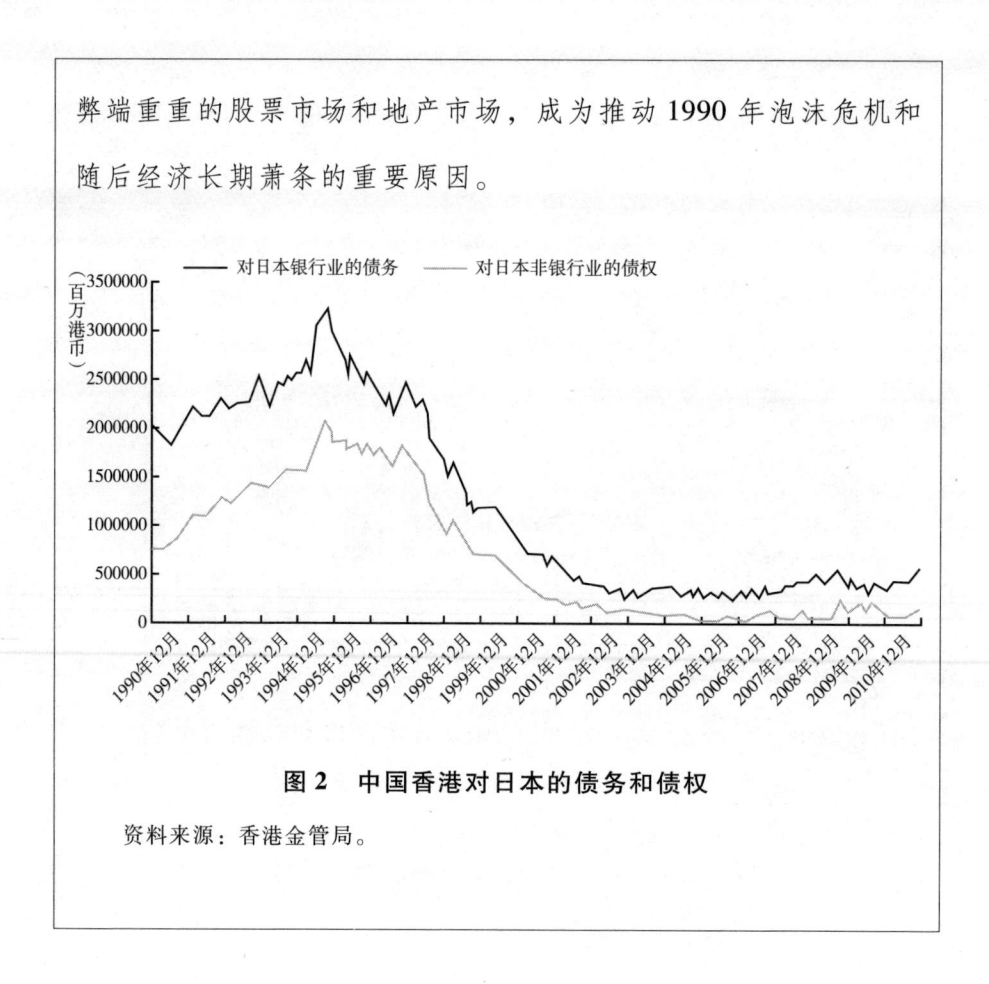

弊端重重的股票市场和地产市场，成为推动 1990 年泡沫危机和随后经济长期萧条的重要原因。

图 2　中国香港对日本的债务和债权

资料来源：香港金管局。

（三）离岸市场对央行货币政策的挑战

离岸市场的存在使央行仍然能够在一定程度上控制外汇市场和货币政策，但也确实加大了央行的干预难度。

在人民币国际化的大背景下，离岸市场的发展使央行仍然可以相对有效地稳定汇率、控制资本流动和实施货币政策，从而有利于中国的金融安全。根据蒙代尔"不可能三角"，一个国家不可能同时实现资本自由流动、货币政策独立和汇率稳定。美国和日本等前期实现货币国际化的经验都表明，随着本币国际化的推进，汇率的波动性和资本的流动性都会明显增加，而国内的货币政策也不可避免地受到外部影响。① 以美国的货币政策为例，当其为抑制国内经济过热而采取提升利率和货币紧缩政策时，境外的资本便会大量流入，从而在一定程度上抵消货币紧缩的效果。② 我国通过发展离岸市场推进人民币国际化，使得汇率自由化和资本账户可兑换得以循序渐进地展开，并尽可能地维持了国内货币政策的独立性，极大地减轻了人民币国际化可能给国内金融市场造成的冲击。

与此同时，相比于开展人民币国际化之前，离岸市场的发展也确实使央行丧失了一部分经济干预的主导权，在长期可能成为境内金融安全的隐患。由于人民币离岸市场不受央行的直接监管，这便给境外投资者在离岸市场上开展套利套汇活动创造了条件，由此引发的汇率大幅波动和资本大规模流动将危害国内的金融稳定③，此时就需要央行出手干预。然而，央行在离岸市场只能进行公开操作（例如买卖外汇），而不能像在境内一样对汇率进行直接干预，这

---

① Frankel, J. (1997), "Still the Lingua Franca: The Exaggerated Death of The Dollar", *Foreign Affairs*, 4, 9–16. Tavlas, G. (1997), "The International Use of the US Dollar", *World Economy*, 6, 709–747.
② Bergsten, C. (1975), *The Dilemmas of the Dollar: The Economies and Politics of United States International Monetary Policy* (New York: New York University Press).
③ 王书朦:《人民币国际化进程中对离在岸市场资金流动的思考》,《金融理论与实践》2016 年第 1 期。

不仅意味着央行干预有效性的降低，还会消耗大量的外汇储备。我国在2015年"8·11汇改"后，境外人民币做空势力导致离岸市场汇率（CNH）大幅下跌，引发在岸市场的汇率（CNY）贬值预期不断加强。为了稳定汇率，央行从2015年8月一直在离岸市场购买本币，导致我国的外汇储备从当时的3.6万亿美元下降至2017年初的3亿美元，月均损耗外储380亿美元（见图3-20）。从长期来看，资本账户开放程度的提升会进一步加大央行干预汇率的难度，极端情况下有可能引发金融危机。1997年泰国金融危机的爆发，就是因为泰国政府为了稳定国际炒家在离岸市场大规模做空泰铢所导致的汇率贬值而用尽了全部外汇储备，从而不得不宣布放弃固定汇率、采用浮动汇率（见专栏3-3）。

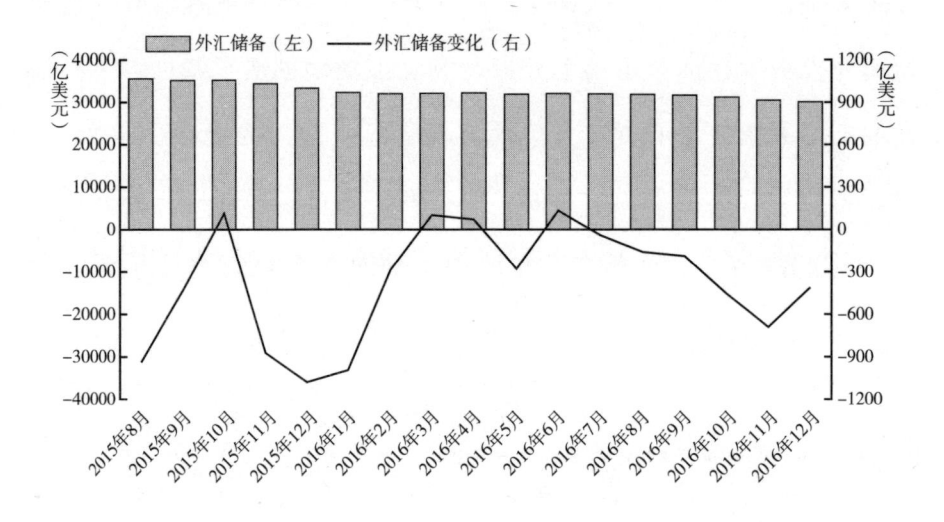

图3-20 2015年8月以来我国外汇储备的变化情况

资料来源：Wind数据库。

专栏3-3 泰国金融危机与中央银行干预[①]

泰国中央银行对泰铢的保卫战始于1997年初。当时,泰国中央银行表示,"为保卫泰铢而战,让投机者血本无归"。第一波冲击发生在1997年2月,国际投资者向泰国银行借入高达150亿美元的远期泰铢合约,在现汇市场大规模抛售,使泰铢贬值的压力空前加大。于是,泰国中央银行动用20亿美元的外汇储备平息了这次风波,将泰铢兑美元的汇率维持在25∶1的水平。

1997年5月,国际投机者通过离岸市场发起了第二轮更为猛烈的攻击,而泰国央行则采取了更加激进的干预措施。这次,国际投资者通过离岸市场的外国银行悄悄建立了即期和远期外汇交易的头寸,然后从泰国本地银行借入泰铢并在离岸市场大举沽空,造成泰铢即期汇价的急剧下跌。为了稳定国内金融市场,泰国央行动用了50亿美元的外汇储备进行干预,将离岸拆借利率提高到1000%,并禁止泰国银行向外借出泰铢。在一系列干预措施下,泰铢兑美元汇率暂回到25∶1的水平上。

1997年6月,泰国金融市场陷入混乱,泰国央行也因耗尽外汇储备而难以再进行有效干预。6月中下旬,泰国财长辞职事

[①] 王宇:《"钉住制度"酿成了泰国金融危机——亚洲金融危机10周年回望》,《华北金融》2007年第10期。

件引发金融界对泰铢可能贬值的揣测，泰铢汇率一路猛跌，泰国股市也急速跌至8年来的最低点，金融市场一片混乱。自1997年初开始的持续的外汇市场干预使泰国央行到1997年6月底已经消耗了近300亿美元的外汇储备。7月2日，泰国央行被迫宣布放弃已坚持14年的泰铢钉住美元的汇率政策，实行有管理的浮动汇率制，泰国金融危机就此爆发。

泰国金融危机的惨痛教训说明，离岸市场的存在会使中央银行的外汇干预变得被动。进一步思考，泰国央行在泰铢保卫战中的干预经历使我们得到两点启示。

一是资本项目的开放要慎重。资本项目开放意味着资金可以自由地在离岸市场与在岸市场之间流动。两个市场之间出现短时、小幅的套利机会就有可能引起大规模的资金流动，从而对金融市场造成冲击并给央行的干预带来挑战。特别是一国在汇率自由浮动之前就贸然开放资本项目，尤其是取消对短期资本流入的管制是非常危险的，因为稳定的汇率会使国际货币投机几乎没有风险或者风险极小，而给央行带来的挑战却是空前巨大的。

二是外汇储备是央行稳定离岸市场的重要工具。任何国家都必须拥有一定数量的外汇储备，其用途不仅在于支付清偿国际收支逆差，还经常被用来干预外汇市场以维持本国货币的汇率。特别是对于一些国内金融市场相对薄弱而国际金融联系又不断增强（例如建立本币离岸市场）的发展中国家而言，外汇储备已成为应对国际金融冲击、稳定国内金融市场的必备资源。

三 小结

人民币离岸市场作为我国资本账户管制情况下向国际市场提供人民币流动性的特殊场所，对我国金融安全的影响可谓好坏参半。一方面，离岸市场的发展拓宽了境内企业管理外汇风险的渠道，提升了国内金融机构的国际竞争力和话语权，并使央行能够在一定程度上继续保留对外汇市场和货币政策的控制权，从而有助于维护国内的金融安全。另一方面，离岸市场为境内企业规避国内监管打开了后门，为国内金融机构开展制度套利和投机活动创造了条件，并加大了央行干预外汇市场和实施货币政策的难度，因此也对国内金融市场产生了一些不利影响。

短期之内，鉴于人民币离岸业务的规模还相对有限，跨境资本流动仍受到严密监控，离岸市场还不足以对境内金融市场造成严重的冲击。不过长期来看，随着离岸人民币资金规模的扩大和资本账户开放程度的提升，离岸市场对境内金融市场的影响将更加显著，其波动可能给境内金融安全造成明显的危害。

人民币国际化对于市场和机构的影响机制较为复杂，这里仅从积极金融安全和消极金融安全的视角,从人民币国际化提升中国金融安全的方面,对本章内容进行一个总结,见表3-12。

表3-12 市场与机构视角下人民币国际化对中国金融安全正面影响的类型划分

市场	正面影响	安全类型划分
银行体系	推动业务多元化	消极金融安全:降低对传统存贷业务的依赖,当存贷利差下降导致经营风险出现时具有更好的抵御能力
	提升资金流动性	消极金融安全:拓宽了国内外的资金来源,可以更好地应对挤兑风险的出现
	降低资产错配	积极金融安全:降低了资产负债表的错配问题,主动地消除了自身面临的汇率风险
	拓展国际布局	积极金融安全:提升在国际金融市场的影响力,更加主动、有效地利用国际金融市场管理风险、配置资产
	监管完善和细化	消极金融安全:更好地应对人民币国际化在推动开放过程中带来的风险
外汇市场	改进市场结构	消极金融安全:多样主体进入使外汇市场的风险偏好更加多元化,促进市场功能的完善和应对风险的韧性
	完善产品体系	消极金融安全:更加有效地开展外汇的套期保值和风险管理
	外资机构进入	消极金融安全:带来先进的业务经验,帮助我国完善外汇市场的基础设施、运作机制和抵御风险的能力
	汇率机制改革	积极金融安全:消除固定汇率带来的风险,在长期有助于实现货币政策的独立性
	简化行政审批手续加强宏观审慎监管	消极金融安全:完善市场机制,加强对跨境资金流动风险的有效防范
债券市场	改善投资人结构	消极金融安全:提升市场的流动性,平抑价格波动,提升市场抵御风险的调节能力 积极安全:外资官方机构进入购买人民币债券,改善我国外债结构
	优化融资人结构	消极金融安全:高信用境外融资人的进入,有助于完善国内债券市场融资结构和降低市场违约风险
	推升直接融资比例	积极金融安全:改善国内金融市场的总体融资结构,缓解社会融资过度集中于银行贷款所潜伏的风险隐患

第三章 | 人民币国际化对中国金融安全的影响：市场与机构视角

续表

市场	正面影响	安全类型划分
债券市场	激发产品创新	消极金融安全：更加丰富的债市衍生品有助于满足各类机构和企业的风险管理要求并维护市场稳定 积极安全：人民币国际化带动的新产品（如木兰债）在国际市场绽放异彩，使中国金融机构占得先机
债券市场	促进监管改革	消极金融安全：促进市场制度环境公开透明，建立与国际接轨的标准和法规，有效释放和防范市场风险
债券市场	增进货币政策传导	消极安全：提升央行干预宏观经济和维护金融市场稳定的效率
股票市场	改善投资人结构	积极金融安全：QFII等机构投资者进入使长期投资和价值投资的理念得以推广，促进国内股市平稳发展
股票市场	改进融资人结构	积极金融安全：跨国企业的长期发展理念有助于改变国内上市公司股东对股票套现的追求，推动国内股市健康发展
股票市场	推升直接融资比例	积极金融安全：改善国内金融市场的总体融资结构，缓解社会融资过度集中于银行贷款所潜伏的风险隐患
股票市场	激发产品创新	消极金融安全：丰富了投资者的风险管理工具，有助于维护市场稳定
股票市场	推动监管改革	消极金融安全：通过借鉴国际市场的规则和制度完善国内市场机制，保障市场更加稳健、有效地运行
离岸市场	拓宽风险管理渠道	消极金融安全：离岸市场人民币衍生品的推出为开展国际业务的中国企业开辟了新的汇率风险管理方法
离岸市场	带动中资金融机构国际化	消极金融安全+积极金融安全：借离岸市场的发展机遇，我国金融机构迅速拓展国际业务，在国际金融市场的话语权和竞争力得到提升
离岸市场	支持央行政策	积极金融安全：使央行在人民币国际化过程中仍能相对有效地稳定汇率、控制资本流动和实施货币政策，维护国内金融安全
公司金融	缓解乃至消除货币错配	积极金融安全：企业将不断降低货币错配的程度，甚至在未来基本消除货币错配，从而显著提升我国的金融安全

第四章
人民币国际化保障中国金融安全：能力建设

第一节 建设独立的跨境支付体系

一 利用人民币跨境支付系统推动大宗商品人民币结算

建成专门的人民币跨境支付系统，推动大宗商品人民币结算，对避免金融制裁，保障我国金融安全具有十分重要的意义。CIPS系统是中国人民银行专门为跨境人民币支付业务开发的资金清算结算系统，与美元清算结算系统CHIPS类似，CIPS系统涵盖的业务主要包括人民币跨境贸易结算、跨境资本项目结算、跨境金融机构与个人汇款支付结算等。2015年10月8日，人民币跨境支付系统CIPS（一期）成功上线运行，为全球人民币使用者搭建起一条重要的"国际支付高速公路"。2018年3月26日，CIPS（二期）投产试运行。未来，CIPS系统将进一步优化升级，成为境内外人民币流动的主要渠道，从根本上减少我国对SWIFT传递报文的依赖，提升金融基础设施的独立性和安全性。

推广人民币跨境支付系统，推动大宗商品人民币定价的必要性可以从两方面考虑。一方面，从企业层面来讲，中国既是制造业大国，也是原材料的需求大国，而国际上绝大多数大宗商品采用美元定价，使得我国企业在面对价格的剧烈波动时只能被动接受，这给企业的生产经营带来了极大风险。另一方面，从国家角度来看，美元在国际货币体系中的霸权地位的建立，正是通过先后将黄金、石油纳入美元体系，逐渐掌握产油国的石油定价权和石油量产权实现的。因此，推动大宗商品人民币结算，对掌握大宗商品定价权、规避大宗商品价格波动、保障我国金融安全有着积极作用。此外，美国利用国际货币体系中的不对称权利对目标国实施金融制裁，加速了外围国家的"去美元化"进程，这为人民币支付清算体系的进一步完善与发展提供了空间。

对利用CIPS系统实现大宗商品人民币计价和结算可采取从重点国家突破到在其他国家渐进推广的方式。具体而言，可选取俄罗斯、印度尼西亚以及非洲国家作为突破口。

将俄罗斯作为推动大宗商品人民币结算突破口的原因主要有

两点。一是截至目前,美欧等西方国家和地区已经对俄罗斯开展了五轮经济金融制裁,目标不仅直接指向作为俄罗斯经济支柱的能源领域,还包括其金融领域。俄多家大型能源企业所需的勘探、开采设备供应渠道也被阻断,俄罗斯大型银行在美欧市场的正常贷款遭遇封杀。西方的制裁虽然令俄头疼,但并非那么有效,反而促使中俄政治、经济关系联系更加紧密。二是俄罗斯是典型的资源型国家,其经济增长主要依赖石油、天然气等能源行业,石油和天然气出口占俄罗斯出口总额的70%,其中,原油出口占俄罗斯出口总额的31.8%,油气收入占俄罗斯政府收入的50%左右[1],是典型的大宗商品出口国。而中国是俄罗斯最主要的石油出口国之一。早在2013年6月,中俄就已签署俄罗斯对华增供原油长期贸易合同。近年来,随着国际油价大幅下跌,虽然中俄石油贸易额有所降低,但是石油进口量仍在逐年攀升,2015年中国对俄罗斯石油进口又增加800万吨。[2] 中俄间以人民币结算的贸易量不断提升,俄罗斯经济发展部消息称,2016年中俄贸易总额的5%已经由本币结算。[3] 据了解,中俄之间的石油交易

---

[1] 陶士贵、徐婷婷:《西方国家对俄罗斯经济金融制裁的演进、影响及启示》,《国际金融》2016年第2期。

[2] 苏未然、李克强:《中俄石油贸易额减少因国际油价大跌》,新浪网,2016年3月16日。

[3] 曹泽熙、俄经济部:《中俄贸易总额的5%已由本币结算 黑龙江最多》,观察者网,2016年12月29日,http://www.gnancha.cn/scroll-news/2016-12-29-386700.sohtml。

第四章 | 人民币国际化保障中国金融安全：能力建设

已经开始以人民币为计价标准①，下一步实现部分石油交易人民币结算的可能性是存在的。

印度尼西亚作为东盟第一大经济体，同时也是东南亚重要的大宗产品出口国之一，也可以被列为大宗商品人民币结算的突破点。在地理位置上，印度尼西亚位于东南亚，与我国隔海相望，是我国重要的周边国家。在政治方面，印度尼西亚总统佐科高度重视发展同中国的关系，同习近平主席多次会晤，中方建设"21世纪海上丝绸之路"的构想同印度尼西亚方打造"全球海洋支点"的规划高度契合。同时，两国合作范围进一步发展到产能、电力、钢铁、金融等多个领域。在经贸领域，中国是印度尼西亚最大的贸易伙伴，印度尼西亚对中国的出口额约占总额的15%，高于日本的10.7%和欧盟市场的11.4%。② 如果以出口额作为衡量标准，印度尼西亚对中国市场的出口额最大，为人民币成为印度尼西亚标准外汇提供了可能。③ 同时，中国是印度尼西亚煤和石油等产品的重要出口国，中国经济走向对印度尼西亚的溢出效应显著，推动印度尼西亚与中国实现大宗商品的人民币结算意义重大，

---

① 《中国将推人民币计价原油期货 剑指石油美元》，新浪财经，2017年11月14日，http://finance.sina.com.cn/stock/usstock/c/2017-11-14/doc-ifynshev6165771.shtml。

② 彭婧希：《印尼总统佐科：人民币成为标准外汇最适当》，人民网，2016年12月07日，http://world.people.com.cn/n1/2016/1207/c1002-28931653.html。

③ 商务部：《印尼应扩大从中国进口以建设基础设施》，2016年9月27日，http://id.mofcom.gov.cn/article/slfw/hzjj/201609/20160901401745.shtml。

且具有可行性。

此外，非洲国家也是我国推动大宗商品人民币结算的重要区域。首先，在非洲国家推广人民币清算与结算体系有着重要的现实意义。以非洲第一大石油生产国尼日利亚为例，尼日利亚政府约三分之二的财政收入以及90%的外汇储备来自石油出口。① 近年来，受国际大宗商品价格下跌的影响，原油价格长期低迷令依赖石油出口的非洲最大经济体遭受沉重打击。对于非洲国家而言，使用人民币结算可以减少其在大宗商品贸易中受到的来自美元的牵制。同时，随着"一带一路"倡议的深入推进，中国对非洲基础设施投资规模仍将持续不断扩大，地区间贸易也会明显增多，建设人民币清算结算体系有利于简化中非贸易投资程序。其次，非洲国家普遍缺乏外汇结存，通过在非洲推广人民币清算结算体系，设立人民币离岸结算中心，实行本币互换，有利于促进和提升中非间的经贸合作水平。非洲是中国商品的主要进口国，人民币清算结算体系可以作为一条途径，帮助非洲国家降低进口成本，推动国际贸易增长。最后，从外部环境看，当前美联储开启新一轮加息进程，美元指数持续走高，导致尼日利亚、加纳等主要非洲国家货币兑美元汇率持续走低，引发了部分国家通货膨胀，出口收入不断下降。因此，从

---

① 《非洲最大产油国倒下了！尼日利亚货币"崩盘"暴跌40%》，《第一财经日报》2016年6月22日，http://www.yicai.com/news/5031462.html。

长期来看，非洲国家无论是在外汇储备中增持人民币资产，促进外汇储备趋于多元化，还是为了抵御本国货币的波动风险、促使中非两国的经济实现互惠互利的发展，CIPS 系统的推广使用都将在其中发挥重要作用。尼日利亚中央银行在 2012 年初已将 5 亿美元外汇储备转换为人民币，使得人民币资产占尼日利亚外汇储备的比重达到 1.4%。据估计，未来人民币资产在尼日利亚外汇储备中的比重有可能逐渐提高到 10%。①

二 利用区块链技术实现跨境支付，打破美国的跨境支付垄断

除建设专门的人民币清算结算体系外，我国还可以利用新兴的、高效率的区块链技术构建跨境支付结算体系来推动大宗商品的人民币或者美元结算，这既能大幅提升跨境结算的效率，还能从根本上打破美国在跨境结算上的垄断地位，防范美国金融制裁，保障我国金融安全。现行的传统跨境支付结算模式主要分为代理行模式和清算行模式两种，和前者相比新兴区块链技术克服了传统跨境结算模式中的诸多障碍（见表 4 - 1），被誉为继互联网和移动互联网革命之后的新一轮变革。

---

① 曹凯、李怀林：《尼日利亚将 5 亿美元外汇储备转换为人民币》，新华网，2012 年 3 月 9 日，http://news.cntv.cn/20120309/113376.shtml。

表 4-1　传统跨境结算模式和区块链模式的比较

模式	运行方式	性能特征
代理行模式	境内外银行通过 SWIFT 传递跨境支付信息，然后通过中国现代化支付系统（CNAPS）进行清算	①高度依赖 SWIFT 系统，每笔交易都需要接入 SWIFT 系统用于境外银行与境内银行间的清算信息传递 ②中国没有对 SWIFT 系统数据的监督权和处置权，不利于对人民币支付数据进行监测，隔离风险
清算行模式	境外银行通过 SWIFT 传递跨境支付信息，最终连接到境内大额支付系统（HVPS）完成最终清算	③SWFIT 不支持中文报文，且一些字段与大额支付系统报文不兼容 ④存在运行时间不合理，不适应跨时区及实时跨境清算结算 ⑤涉及中间机构多，导致跨境支付清算的低效率、高成本等问题
区块链支付清算模式		①跨境支付的两个银行之间可以直接进行支付、清算业务，省去清算行、结算行、SWIFT 系统等中间机构 ②交易双方能够实时监测资金流动状况，提升资金跨境流动的透明度和安全性，节约成本 ③实现全天支付、实时到账，跨境支付清算更便捷

不同于我国已建成投入使用的 CIPS 系统，目前区块链技术在实践上还存在不足，距离达到产业标准、大规模应用还有一段差距。区块链的概念进入人们的视野和比特币的兴起息息相关，其技术核心是用分布式的账本代替以往的中心账本，用来记录整个比特币网络上的交易数据，每一区块包含交易记录并记录着前一区块的 ID，形成一个链状结构，因此而得名。通过分布式账本技术，区块链能够传送完整、加密的资料，提高资料的可追踪性，确保资料准

确无误。银行也可以通过区块链技术精简报告流程，节省成本。因为具有高速、成本低、去中心化和安全性高等特点，区块链支付清算系统被认为是最颠覆传统金融概念的技术，代表着下一代金融交易的方向。各国央行和欧美大型银行等机构看重区块链技术在记账中的完整性和安全性，以及交易过程中清算、结算和审计中的便利性和低成本，纷纷布局对区块链的研究，并着力开发相关应用。

根据高盛的预测，区块链技术的实施可以简化现金证券清算和结算流程，可以为美国和全球资本市场分别节约20亿和60亿美元资本；在减少可疑交易方面能够带来30亿~50亿美元成本的节约；在减少错误和手工处理过程方面能够节约20亿~40亿美元成本。据西班牙银行的 Oliver Wyman 和风险投资者 Anthemis 的报告，如果采用区块链技术，到2022年以前银行每年能够节约150亿~220亿美元。① IMF总裁拉加德也对区块链技术和金融行业结合的前景持乐观态度，认为五年之内，大部分金融机构将采用加密货币和区块链等技术，这些技术将颠覆各行各业，从根本上改变国际货币金融体系。但值得注意的是，目前，区块链技术的发展不够系统，而且并不能确保安全。要真正发挥区块链的作用，还要加强相关监管，并制定统一标准。②

---

① 易解题材：《区块链不再神秘 5只概念股公之于众》，网易财经，2016年6月3日，http://money.163.com/16/0603/10/BOKLATTJ00254TFQ.html。
② 〔法〕克里斯蒂娜·拉加德：《金融科技：金融业的"美丽新世界"?》，IMFBlog，2017年3月17日，http://www.imf.org/external/chinese/np/blog/2017/032317c.pdf。

2016年9月的G20杭州峰会上，区块链技术、普惠金融首次被列为重要议题，为各成员国积极参与区块链技术的开发构建了良好的平台。我国是贸易大国，随着"一带一路"倡议和企业"走出去"战略的实施，如果能对"走出去"企业提供低成本、低风险、高效率的支付结算方案，对于提高我国外贸企业，尤其是中小企业的竞争能力具有极大的推动作用。我国可以借助G20平台提高对区块链技术的重视度和投入度，进一步推动区块链支付技术在实际中的应用，具体来说可以从三方面入手。

第一，我国作为互联网大国，要加快国内区块链技术应用和规则标准的制定和统一。区块链作为一种可广泛应用且前景光明的新型分布式技术，可以为我国经济发展提供良好的金融基础设施支持，提升运行效率与安全性。

第二，从全球角度来看，将区块链技术与金融行业结合，运用到支付、清算领域尚属于创新尝试阶段，各国之间还未拉开较大差距，也无统一标准。但如果每一个国家对于区块链技术都有自己的一套标准和规则，国家间相互进入的效率将大打折扣，无形中提升了区块链技术的运行成本。因此，从全球治理角度来看，我国可依托G20平台，积极推广全球统一标准和规则的区块链支付系统，以建设性姿态促进全球金融治理与创新。

第三，推动双边区块链支付清算合作。俄罗斯是中国全面战略协作伙伴，双方在政治、经济、文化方面都有十分紧密的合作，可以作为我国推动双边区块链支付清算的突破口。俄罗斯是中国进口能源、机电及高新技术产品的主要来源地之一，中国连续6年成为俄罗斯第一大贸易伙伴国。虽然受世界经济复苏乏力、国际大宗商品价格长期低迷等不利因素影响，中俄务实合作仍保持稳定发展势头并日趋向好。根据中国海关总署的数据，截至2017年11月，中俄两国的贸易额为760亿美元。与2016年前11个月相比，增速约为22%。尤其是两国能源领域的合作继续深入发展，有力地维护了中俄两国能源安全。中俄两国可以借此契机，将能源合作和区块链支付清算技术结合起来，加快结算清算速度，减少资金闲置，推动能源、贸易领域更深层次的合作。通过在双边搭建区块链技术，绕开中转机构和美国控制的SWIFT、CHIPS系统，在降低跨境支付成本、提高支付效率的同时，防范美国的金融制裁。

英国也可以作为我国推动双边区块链清算支付的重点国家之一。一方面，伦敦不但是全球最主要的国际金融中心，还是重要的人民币离岸中心，汇集着大量的全球性金融机构和高新技术人才。尽管英国脱欧在一定程度上对其全球金融中心的地位造成了一定影响，但是就人民币离岸中心而言，伦敦仍具有法律、人才以及时差的天然优势。另一方面，英国央行十分重视区块链领域的发展。为了改进其支付系统，英国央行计划在2020年之前进行技术升级。英国央行表示，如果分布式账簿的实际运用能达到预期效果，将考虑在实时支付结算系统中"注入"这项新技术。① 中英友好关系为双方开展区块链跨境支付合作提供了良好环境。

除此之外，东南亚一些国家也可以作为我国推动双边区块链支付清算合作的前沿。泰国第四大银行 Kasikorn Bank 已经同中国金融科技公司 IBS 合作开发了一个区块链平台，允许泰铢和人民币之间的直接结算。基于 IBS 区块链平台的结算系统和当前全球普遍采用的 SWIFT 系统相比将更加便捷、安全，交易成本更低。② 中国现在已经超越日本和美国成了泰国最大的贸易伙伴，同时也是泰国出口的第二大国。基于两国之间日益增长的贸易量，将中泰两国之间的区块链支付清算合作提升到国家层面，对推动双边跨国交易有着深远影响。

第二节 推动中央和地方政府债券国际化发展

一 人民币国际储备份额的扩大将增强中国对外金融制衡力，提升中国积极金融安全

（一）全球外汇储备激增与美国国债利率

20世纪90年代中期以来，广大新兴经济体凭借经常账户余额

---

① 赵竟皓、范一飞：《银行应加强对区块链等新兴技术关注》，中国金融信息中心，2016年9月19日。
② 《虚拟货币：区块链允许泰铢和人民币的跨国转移》，金投外汇网，2016年12月21日，http://forex.cngold.org/c/2016-12-21/c4699742.html。

积累起大量的外汇储备,特别是亚洲新兴经济体,在亚洲金融危机后更加重视构筑外汇储备以应对随时可能发生的资本外流冲击。如图4-1所示,1997年新兴经济体的官方外汇储备为6017亿美元,在全球的占比仅为37.24%;而2014年新兴经济体官方外汇储备已达77134亿美元,全球份额升至66.55%,规模是发达经济体的两倍。

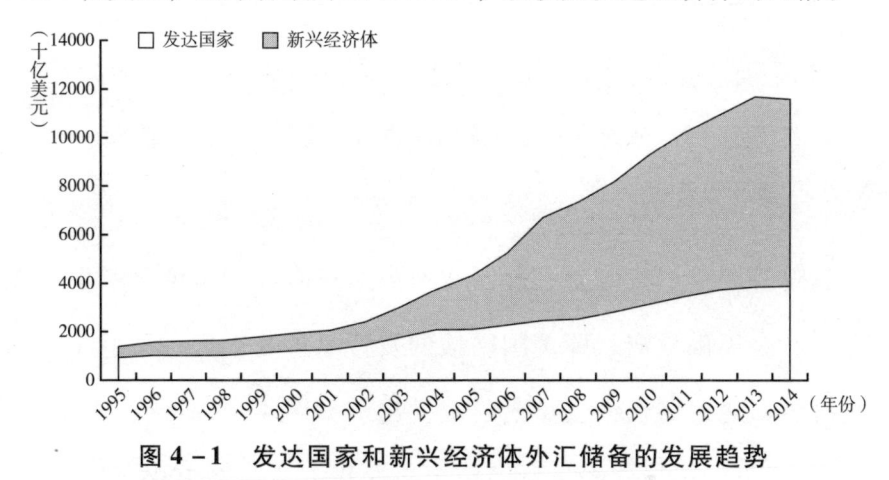

图4-1 发达国家和新兴经济体外汇储备的发展趋势

资料来源:IMF COFER Database。

美国国债是新兴经济体以外汇储备投资的首选资产。各国央行持有的国际储备货币,大部分不会以现金形式存放,而是要购买全球安全资产,形成自身的储备资产,以获得一定的投资收益。美元作为全球使用最广泛的货币,美国国债凭借其稳定的价值和收益便成为世界上最受推崇的安全资产。2000年外国政府持有的美国国债仅为6092亿美元,而到2016年已突破4万亿美元(见图4-2)。2016年底,美元资产在全球外汇储备中的份额为65.3%,其中70%以上为美国国债。

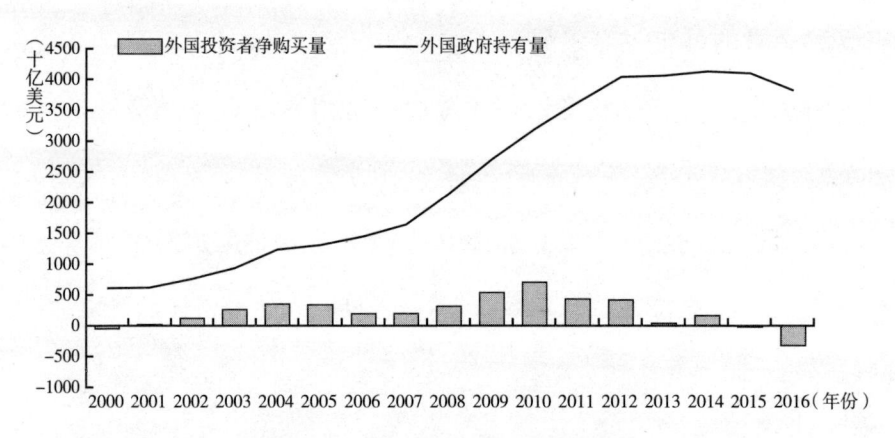

图 4-2 外国投资者对美国国债的持有量和净购买量

资料来源：美国财政部。

从财政政策的角度看，外国政府大量持有美国国债会产生两类效应。一是规模效应，即美国国债的发行量迅速上升。这意味着美国政府更易通过举债来支持其财政支出。如图 4-3 所示，自 20 世纪 90 年代末以来，美国未偿国债规模逐年上升，在 2008 年全球金

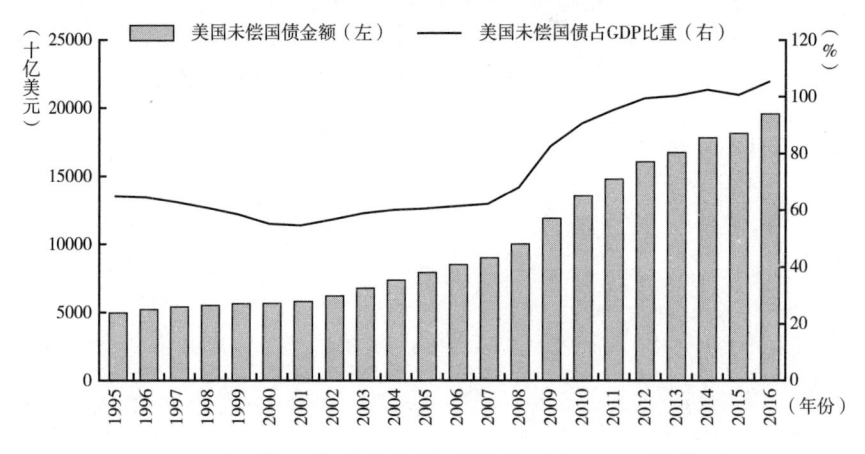

图 4-3 美国未偿国债的金额及其占 GDP 的比重

资料来源：Wind 数据库。

融危机后更是加速增长。2013年，美国未偿国债占GDP的比重已经超过100%，近年来仍持续上涨。

二是利息效应，即美国国债的长期利率保持在较低水平，减轻了政府的利息负担。新兴经济体对美国国债的大量需求导致长期国债利率下降的现象，被美联储前主席伯南克称为"全球储蓄过剩"（global saving glut）。该问题引起了众多美国学者的关注（见表4-2）。Warnock和Warnock、Beltran等研究认为，如果一年内外国投资者对美国国债的购买量下降1000亿美元，则会导致美国长期国债利率上升30~70个基点。由此可见，新兴经济体以外汇储备大举购买美国国债，助美国政府节约了大量的利息费用。

表4-2 外国政府购买美国国债的利息效应

研究人员	基点/1000亿美元	投资者类型	数据频率
短期流量效应			
Beltran 等[①]	-46 ~ -50	外国官方	月度流量
Bernanke 等[②]	-66	日本官方	日干预额
McCauley 和 Jiang[③]	-70 ~ -100	外国官方	周流量

---

① Beltran, D.O., Kretchmer, M., Marquez, J. and Thomas, C.P. (2013), "Foreign Holdings of US Treasuries and US Treasury Yields", *Journal of International Money and Finance*, 32, 1120-1143.

② Bernanke, B.S., Reinhart, V.R. and Sack, B.P. (2004), "Monetary Policy Alternatives at the Zero Bound: An Empirical Assessment", Brookings Papers on Economic Activity, 35 (2004-2), 1-100.

③ McCauley, R. and Jiang, G. (2004), "Treasury Yields and Foreign Official Holdings of U.S. Bonds", BIS Quarterly Review (march), Bank for International Settlements.

续表

研究人员	基点/1000亿美元	投资者类型	数据频率
中期流量效应			
Beltran 等（2013）	-39 ~ -62	外国官方	12个月流量
Warnock 和 Warnock[①]	-68	外国官方	12个月流量
长期存量效应			
Beltran 等（2013）	-17 ~ -20	外国官方	持有水平
Bertaut 等[②]	-11 ~ -15	外国官方	持有水平

资料来源：Beltran 等（2013）。

（二）人民币国际储备份额的扩大与美国财政冲击

全球外汇储备被大量用于购买美国国债，使美国政府能够大规模举债和减少利息支出，但同时也给美国经济带来潜在风险。如果外国政府决定出售美国国债或者以其他货币计价的安全资产取代美国国债，那么美国政府可能会面临融资困境以及更高的利息负担。下面考察人民币在国际储备份额中的增加，可能给美国财政带来的冲击。

1. 基本假设

我们的分析主要基于以下四点假设。第一，以2016年为基年，未来20年人民币在国际储备中份额的提升将导致现有各类国际货币的份额等幅下降。当前国际外汇储备主要由美元、欧元、英镑和

[①] Warnock, F. E. and Warnock, V. C. (2009), "International Capital Flows and U. S. Interest Rates", *Journal of International Money and Finance*, 28 (6), 903 - 919.

[②] Bertaut, C., DeMarco, L. P., Kamin, S. and Tryon, R. (2011), "ABS inflows to the United States and the Global Financial Crisis", International Finance Discussion Papers 1028, Board of Governors of the Federal Reserve System.

日元构成，这些货币2016年在国际外汇储备中的占比分别为65.30%、19.15%、4.34%和3.98%，而人民币的份额仅为0.94%（见图4-4）。因此，在后面的分析中将主要考虑人民币份额上升后，前述四种货币和其他货币份额的相应下降。

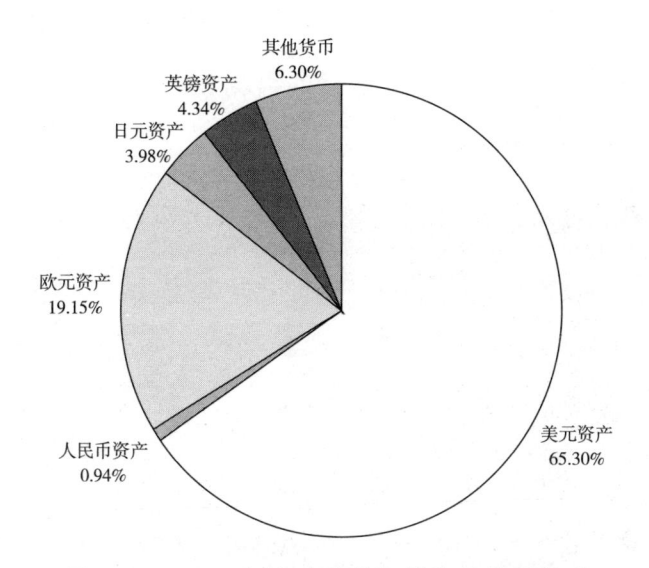

图4-4 2016年底全球外汇储备的货币构成

资料来源：IMF COFER 数据库。

第二，各国政府所持有的外汇储备均以国债形式存在。这一假设虽然过于简化，但是具有一定的合理性。以美元为例，2016年底全球美元外汇储备的金额约为5.5万亿美元，而美国财政部的数据显示外国政府持有的美国国债约为4万亿美元，可见美国国债在美元储备中的占比高达72.7%。

第三，未来20年世界各国经济和国际外汇储备均以稳定的速度增长。美国将保持年均2%的经济增速，中国的GDP年均增速保持在5%，全球GDP和外汇储备的年均增速均为3%。由此可得，20年后中国的GDP在全球的比重将达到22.23%，超过美国的20.06%，成为世界第一大经济体。

第四，未来20年美国财政状况维持在2016年的状态。我们假设未来美国通过举债维持国内财政的情况难以出现明显起色，因此"中长期国债年发行额/GDP"将长期维持在2016年的水平，即10.63%。① 同时，美国的财政收支状况未来也与2016年持平，即政府财政收入、财政支出和财政赤字占GDP的比重分别维持在17.59%、20.76%和3.16%。②

2. 情景设定及相应的国际储备变化

我们设定了保守、中性和激进三种情景来进行分析。在保守情景（情景1）下，20年后人民币资产在国际外汇储备中的份额被设定在10%。该比例低于中国当前的GDP和对外贸易占全球的比重以及人民币在SDR中的份额，是最保守的情况。在中性情景（情景2）下，20年后人民币资产在国际储备中的份额将达到20%。根据前面的假设3

---

① 虽然此次全球金融危机前（2007年）该指标仅为5.2%，但是在危机期间该指标最高曾达到15.5%（2010年）。考虑到美国近年的财政状况，笔者认为未来维持在10.63%是比较合理的假设。

② 2016年的财政情况已接近危机前的水平，2007年美国财政收入、财政支出和财政赤字占GDP的比重分别为17.74%、18.85%和1.11%；危机期间财政状况最糟糕的2009年，前述指标曾分别达到14.60%、24.40%和9.80%。因此，笔者认为将未来20年的财政收支设定在2016年的水平是比较合理的假设。

可知，这一比例与中国20年后在全球的GDP占比基本持平，是相对合理的情形。激进情景（情景3）则将20年后人民币资产在国际储备中的份额设定为30%，是比较大胆、乐观的估计。

在上述三种情景下，我们对20年后各主要货币在国际外汇储备中的份额和相应的流量变化情况进行了估计。作为基准，我们首先考虑了20年后国际外汇储备构成继续保持2016年状况的情景。如表4-3所示，在这种情况下，20年后国际外汇储备中的美元资产将达到9.942万亿美元，这意味着外国政府每年要新增购买美国国债2220亿美元。接下来，在情景1下计算20年后可得美元资产的金额为9.033万亿美元，因此每年外国政府对美国国债的新增购买量大约为1760亿美元，较基准情景减少了460亿美元。类似地，在情景2和情景3下可以计算得到，外国投资者对美国国债的购买金额较基准情景分别减少了960亿美元和1460亿美元。基于上述净流量减少额，就可以分别计算出三种情景下美国中长期国债利率每年上升的幅度。

表4-3 各情景下20年后人民币和主要国际货币在国际外汇储备中的变化情况

单位：十亿美元，%

情景	指标	人民币	美元	欧元	英镑	日元	其他
基准①	20年后存量	142	9942	2916	660	605	960
	20年后外储占比	0.94	65.30	19.15	4.34	3.98	6.30
	年均流量①	3	222	65	15	14	21

① 基准情景是指未来20年各种储备货币在国际货币储备中的份额均维持在2016年底水平的情景。

续表

情景	指标	人民币	美元	欧元	英镑	日元	其他
情景 1	20 年后存量	1523	9033	2649	600	550	872
	20 年后外储占比	10.00	59.33	17.40	3.94	3.61	5.73
	年均流量②	72	176	52	12	11	17
	年均流量差额②-①	69	-46	-13	-3	-3	-4
情景 2	20 年后存量	3045	8029	2355	533	489	775
	20 年后外储占比	20.00	52.73	15.47	3.50	3.21	5.09
	年均流量③	148	126	37	8	8	12
	年均流量差额③-①	145	-96	-28	-6	-6	-9
情景 3	20 年后存量	4568	7025	2060	467	428	678
	20 年后外储占比	30.00	46.14	13.53	3.06	2.81	4.45
	年均流量④	224	76	22	5	5	7
	年均流量差额④-①	221	-146	-43	-10	-9	-14

3. 利率上升与美国财政冲击

前面提到，外国政府大量购买美国国债具有两方面效应，即规模效应和利息效应。我们在此假设外国政府减少购买的国债部分会由国内投资者①或外国私人投资者填补，因此无须考虑外国政府减购美国国债产生的规模效应，而主要考察利息效应给美国财政造成的冲击。基于 Beltran 等②的研究结果③，我们考察了三种情景下外国

---

① 例如：美联储，美国的养老金、共同基金等机构投资者，以及其他私人部门的投资者。
② Beltran, D.O., Kretchmer, M., Marquez, J. and Thomas, C.P. (2013), "Foreign Holdings of US Treasuries and US Treasury Yields", *Journal of International Money and Finance*, 32, 1120-1143.
③ Beltran 等（2013）的研究考虑了外国对美国国债的需求和国债价格（利率）之间的内生性问题，以三因素仿射期限结构模型解决了不可观测的前瞻性变量影响长期利率的问题，并且控制了私营部门投资者对由外国官方需（转下页注）

政府每减持1000亿美元国债，年均利率分别上升40个基点、50个基点和60个基点时，20年后对美国财政产生的冲击（见表4-4）。

表4-4 三种情景下20年后美国国债利率累计上升幅度和利息冲击

单位：十亿美元，%

		情景1	情景2	情景3
40个基点	长期国债发行额	2932	2932	2932
	利率累计上升幅度	3.60	7.68	11.68
	政府额外支付利息额	106	225	342
	额外利息/财政收入	2.17	4.64	7.06
	额外利息/财政赤字	12.10	25.80	39.24
50个基点	长期国债发行额	2932	2932	2932
	利率累计上升幅度	4.50	9.60	14.60
	政府额外支付利息额	132	281	428
	额外利息/财政收入	2.72	5.80	8.82
	额外利息/财政赤字	15.12	32.25	49.05
60个基点	长期国债发行额	2932	2932	2932
	利率累计上升幅度	5.40	11.52	17.52
	政府额外支付利息额	158	338	514
	额外利息/财政收入	3.26	6.96	10.58
	额外利息/财政赤字	18.14	38.70	58.86

首先来看情景1，这也是未来20年美国中长期国债利率的累计增长最温和的情景。在利息效应为40个基点/1000亿美元国债

（接上页注③）求变化导致国债利率变动的反应，得到外国投资者一年内对美国国债的购买量每下降1000亿美元会导致美国长期国债利率上升39～62个基点，是比较具有说服力的结论。

的情况下，20年累计的利率上升幅度为3.60%。2016年底美国10年期国债利率约为2.9%，由此可知，到2036年美国10年期国债利率将上升至6.5%。这一比例已经接近西班牙长期国债收益率在欧债危机期间的峰值6.79%（见图4-5）；而且如果20年后美国未偿国债余额占GDP的比重维持在2016年的水平，那么将会超过西班牙在欧债危机期间政府债务占GDP的比重（见图4-6）。可见，即便是这一最为温和的情况，也会对美国财政产生一定的冲击。在这种情况下，美国政府2036年因利率上升需要额外支付超过1000亿美元的利息，占其财政收入的比例为2.17%，使财政赤字加重12.1%。如果进一步考虑50个基点和60个基点的情况，则2036年美国10年期国债利率将上升至7.4%和8.3%，会超过意大利和西班牙

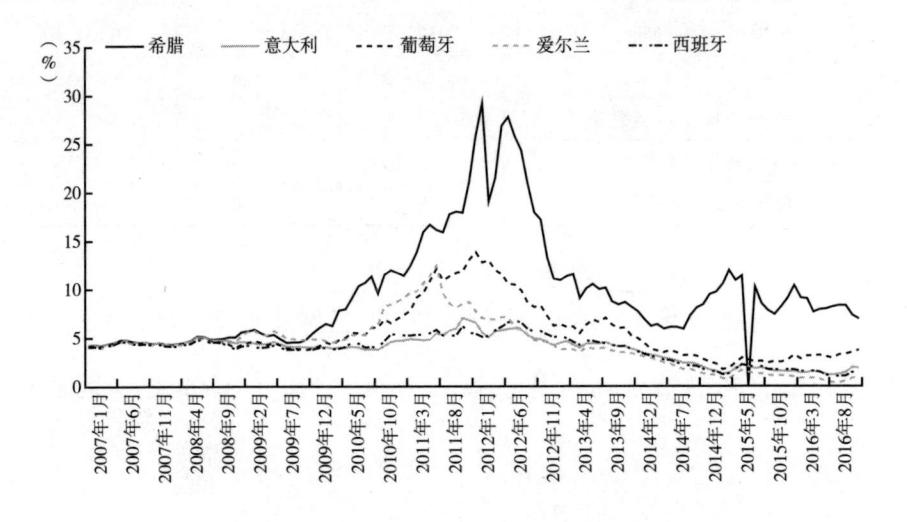

图4-5 欧洲五国最近10年长期国债利率变化情况

资料来源：Wind数据库。

长期国债利率在欧债危机期间的峰值。相应地，额外支付的利息将占财政收入的2.72%和3.26%，使财政赤字加重15.12%和18.14%。

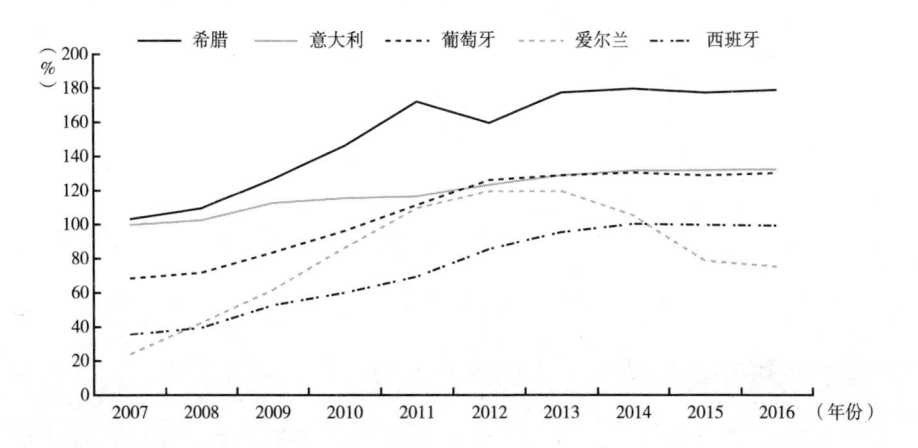

图4-6 欧洲五国最近10年一般政府债务占GDP比重的变化情况

资料来源：Eurostat。

在情景2下，当利息效应为40个基点/1000亿美元国债时，20年后长期国债利率的累计增幅将达到7.68%，高于情景1下最严重的情形。此时，美国政府因利率上升需要额外支付的利息已超过2000亿美元，在财政收入中的占比达到4.64%，使财政赤字恶化25.80%。进一步考虑50个基点和60个基点的情况，中长期国债利率经过20年的累计增幅将达到9.6%和11.5%，从而升至12.5%和14.4%；超过爱尔兰和葡萄牙在欧债危机期间长期国债利率的最高值（见图4-5）。在这两种情况下，2036年美国政府额外支付的国债利息将达到2810亿美元和3380亿美元，在财政收入中的占比分别达到5.80%和6.96%，使财政赤字恶化32.25%和38.70%。可见，在这一情景下外国政府减持造成的利息效应足够对美国财政产生明显的冲击。

在情景3下，外国政府减持美国国债产生的利息冲击进一步扩大。即便是在利息效应为40个基点/1000亿美元国债的情况下，20年后中长期国债利率的累计增幅也将达到11.68%，高于情景2下最糟糕的情形。此时，美国政府因利率上升需要额外支付的利息达到3420亿美元，在财政收入中的占比已经超过7%，使财政赤字恶化的程度达到39.24%。如果利息效应达到50个基点甚至60个基点，则利率的累计上升幅度将高达14.60%和17.52%，即长期国债利率将达到17.50%和20.42%。这将超过美国10年期国债利率自1953~2016年的最高值15.84%（见图4-7），彼时正是美国经济滞涨最严重的时期，不过未偿国债总额占GDP的比重仅略高于30%，因此并不足以发生债务危机；而2036年美国国债未偿总额占GDP的比重则接近"二战"后的最高值①（见图4-8），居高不下的国债利率足以对美国财政造成致命的冲击。实际上，当国债减持的利息效应达到60个基点/1000亿美元国债时，美国政府在2036年面临的情况已经非常接近希腊在2012年债务危机最严重期间的情况。在这种情况下，美国需额外支付的利息已经超过财政收入的10%，使财政赤字恶化的程度更是达到58.86%。不过，与希腊能够得到欧盟的救助不同，没有哪一个国际组织有能力来解决美国的债务危机。

---

① 假设与2016年的比重持平。

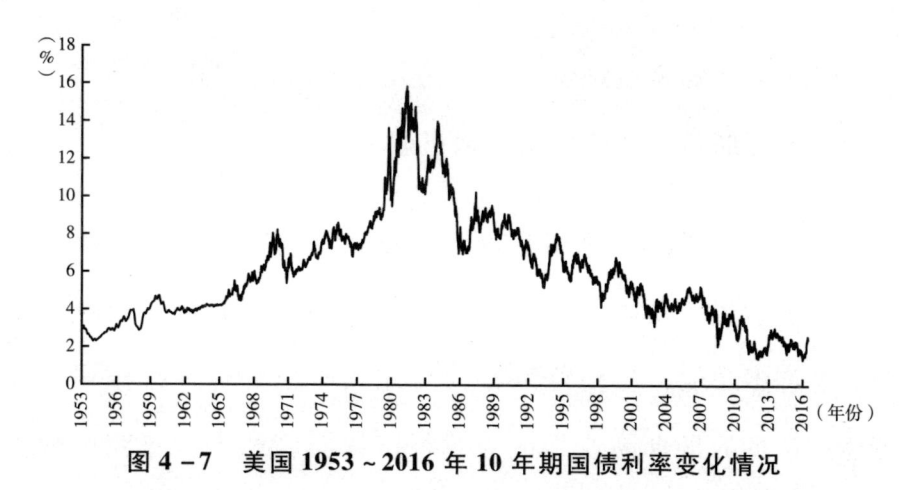

图 4-7　美国 1953~2016 年 10 年期国债利率变化情况

资料来源：Wind 数据库。

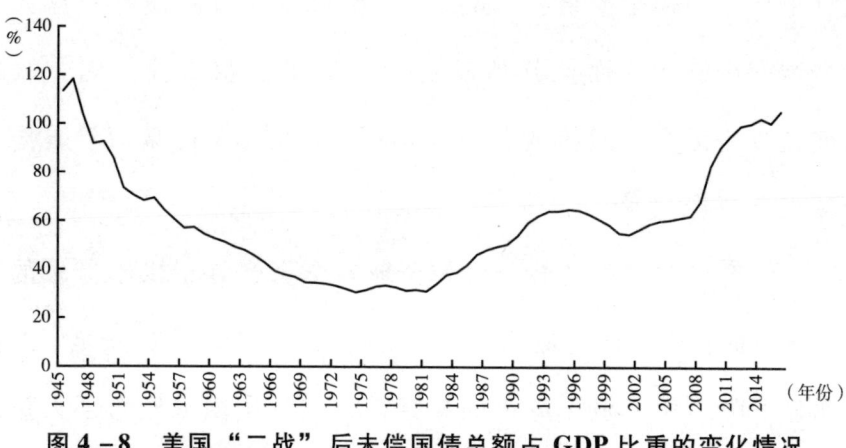

图 4-8　美国"二战"后未偿国债总额占 GDP 比重的变化情况

资料来源：Wind 数据库。

综上可知，人民币在国际储备份额中的扩大将挤压美国政府的财政空间，甚至可能使美国陷入债务危机。从另一个角度来看，人民币国际化有助于提升中国对外金融制衡力，提升中国金融体系的积极安全。

二 全球安全资产供不应求和人民币加入SDR货币篮子为人民币国际储备份额的扩大带来机遇

如前文所述,全球安全资产是指在全球金融市场中历史违约率低、信用评级高的金融资产。根据 IMF 的解释,全球安全资产有许多功能,包括可以作为可靠的价值存储,充作回购和衍生品市场的抵押品或是成为履行审慎监管和定价过程中的重要工具。① 一般来说,可以把一些发达国家发行的中央政府债或世界银行等多边金融机构发行的拥有 AAA 评级的债券看作典型的全球安全资产,而把其他发达国家的中央政府债、地方政府债或是以跨国金融机构或公司为发行主体的 AA 评级债券看作准全球安全资产。

从供给与需求角度看,目前全球安全资产处于供不应求的局面。一方面,受全球金融危机和欧债危机的冲击,全球安全资产供应明显下降。为了阻止危机的蔓延,一些发达国家颁布了大量的"救市"政策。例如,将金融机构债转换为主权债务,导致政府债务比例上升到一个很高水平。部分发达经济体因此失去了 AAA 主权信用评级,西方国家正面临严重的债务风险(见表4-5),最终导致了全球安全资产和准安全资产的大幅缩水。根据国际货币基金

---

① IMF (2012),"Global Financial Stability Report", April.

组织的判断,截至 2016 年,全球安全资产的供应将减少约 9 万亿美元,降幅高达 16%。①

表 4-5　发达经济体主权信用评级的下调

(1)				
	美国	英国	法国	奥地利
2008 年前的主权信用评级	AAA	Aaa	AAA	AAA
下调后主权信用评级	AA+	Aa1	AA	AA+
下调评级的时间	2011.08	2013.02	2013.11	2012.01
下调评级的公司	S&P	Moody	S&P	S&P
(2)				
	日本	意大利	西班牙	葡萄牙
2010 年前的主权信用评级	Aa3	Aa2	AAA	A1
下调后主权信用评级	A1	Baa2	BBB	Ba2
下调评级的时间	2014.12	2014.08	2014.05	2014.05
下调评级的公司	Moody	Moody	S&P	Moody

注:S&P 是标准普尔公司的简称,Moody 即穆迪公司。

另一方面,从金融监管角度来看,全球金融监管的改革极为有效地刺激了对安全资产的需求。《巴塞尔协议Ⅲ》的出台向全球的商业银行提出了更高的资本充足率要求、更低的杠杆率要求和更为严格的风险加权资产评估,这意味着银行业需要更多的低风险加权资产来满足监管要求。除此之外,许多国家的国内市场也推出了全

---

① IMF (2012), "Global Financial Stability Report", April.

面而严格的金融监管改革，在一定程度上增加了对安全资产的需求。例如，很多场外衍生品交易需要有安全资产做担保。

传统发达国家是大部分全球安全资产的主要提供者，然而在中短期内发达国家很难找到解决主权债务问题的方法，全球安全资产的短缺问题难以得到缓解。因此，在一个相对较长的时间内，全球安全资产的需求与供应之间会出现明显的失衡，这无疑为发展以人民币为代表的新兴经济体债券市场，积极推动我国的中央和地方政府债券上升为全球安全资产，有效扩大人民币国际储备份额创造了一个良好的契机。

人民币加入 SDR 货币篮子成为有效扩大人民币国际储备份额的重要推动因素。长期以来，国际货币体系的话语权被西方主要发达国家所垄断，以美元主导的国际货币体系具有内在的不稳定性（即特里芬两难），也是不公平的。随着新兴经济体在世界经济领域扮演愈发重要的角色，人民币作为发展中国家的货币首次进入 SDR 货币篮子，不仅说明发展中国家在全球经济治理当中制度性话语权的提升，更有可能对以往以发达国家货币为主导的国际货币体系产生重大变革。

随着 2016 年 10 月人民币正式纳入 SDR 货币篮子，在中国持续推进市场化改革和对外开放的前提下，各国官方机构在其储备构成中会考虑增加人民币储备资产的比重。尽管截至 2017 年底人民币占全球央行外汇储备的比例不足 2%，但是其在国际储备多元化中已经开始发挥重要作用。根据 IMF 统计数据,截至 2016 年 3 月,IMF 已经创造并向成员国分配了 2041 亿特别提款权(约相当于 2850 亿美元)。① 按照人民币在 SDR 货币篮子中的占比 10.92% 计算,这意味着持有 SDR 份额的国家央行至少需要将 300 多亿美元其他货币资产兑换为人民币,而实际数字可能更高。有数据显示,各国央行和其他金融机构已经开始增持人民币计价债券(主要是国债),根据中央国债登记结算有限责任公司和上海清算所公布的数据,截至 2017 年 9 月,境外机构持有人民币债券总额已达 10421.52 亿元,突破万亿元规模。渣打银行预计,随着人民币纳入 SDR,未来 5 年全球金融机构可能会配置 4 万亿～7 万亿元人民币资金,并进入中国获取投资回报。② 现阶段智利、印度和以色列等国已经将人民币作为主要的参照货币。在南非和土耳其,人民币是第二重要的参照货币。③ 尽管当前美元、欧元等货币的地位仍高于人民币,但实际上正在朝着利好人民币的方向发展。中国央行和世界主要央行已经开始进行双边本币互换交易,人民币不再局限于亚洲地区。

---

① IMF(2016),"Special Drawing Right SDR",September 30.
② 《SDR 效应:人民币在全球外汇储备占比或将达到 5%》,《21 世纪经济报道》2016 年 9 月 29 日,http://money.163.com/16/0929/05/c2406ABE00258056.html。
③ Campanella, M.(2015),"The Internationalization of the Renminbi and the Rise of a Multipolar Currency System", ECIPE, January 15.

三 积极推动中央和地方政府债券上升为全球安全资产，有效扩大人民币国际储备份额

推进中国债券市场国际化，特别是推动中央和地方政府债券上升为全球安全资产，是扩大人民币国际储备份额最为切实有效的举措。

各国央行持有的国际储备货币，其大部分不会以现金形式存放，而是要购买全球安全资产，形成自身的储备资产，以获得一定的投资收益。储备资产的核心组成部分就是以国际化货币计价的政府债券。从理论上讲，政府债券、金融机构债券和公司债券都有可能成为高信用评级债券。但是，从历史经验来看，只有政府债券才可能在长期维持较低的违约率，成为名副其实的安全资产，从而成为各国央行储备资产的主体。换言之，只有把政府债券做成公认的全球安全资产，该国货币才能成为真正的国际化货币。美国和英国是这方面的典型案例。

美国债券的国际化程度，尤其是美国国债作为"安全资产"在全球发行，充分显示了美元的国际化地位。全球金融危机发生前的2006年，美国本土发行的国债、金融机构债和公司债，共有5.3万亿美元由境外投资者持有；到了2013年，尽管经历了严重的金融危机，美国这三类债券的境外持有总额却上升到9.3万亿美元。更为重要的是，境外投资者持有美国国债占全部美国国债发行额的比例，从2006年的45.8%上升到2013年的47.2%，而在同

期境外投资者持有美国公司债占全部美国公司债的比例却从40.6%大幅下降到29.6%。英国也是如此。在金融危机前的2007年，境外投资者持有英国国债占全部英国国债发行额的31%，而在2013年，该比例仅仅减少2个百分点，依然达到29%。美元和英镑都是国际化的货币。从上述数据可以看出，政府债券的国际持有情况是该国货币国际化的重要标志。而且政府债券与金融机构债、公司债相比，具有更好的抗衡经济危机的能力，是比较好的全球安全资产。

实际上，金融危机后美英两国的主权信用评级都遭遇下调，其国债的安全程度已经大不如前。但是，在没有新的安全资产出现以前，国际投资者别无选择，只能是"两害相权取其轻"。IMF所指出的全球安全资产供应下降，是在一个高标准上来讲的，即达到AAA评级的安全资产数量大幅下降。在此背景下，如果中国政府能够积极推进国债和地方政府债券的国际发行，同时坚定不移地进行国内经济改革，以人民币计价的中国中央政府和地方政府债券，就能够进入全球安全资产池，成为国际投资者（特别是各国央行和大型金融机构）的重要配置资产。到那时，人民币国际化就迈出了至关重要的一步。

从美欧发达国家的实际情况来看，地方政府债券的国际化程度很低，完全无法与国债相提并论，这是由西方发达经济体的国情决定的。与美国和中国相比，欧洲国家的经济体量较小，地方政府债券的发行规模和流动性不足（英国政府更是不允许地方政府发行债券），因此国际投资者更愿意选择购买欧洲国家发行的国债。美国的国债资产池巨大，流动性强，再加上大型金融机构和跨国公司发行的债券，已经形成了足够规模的"全球安全资产池"，联邦政府既无动力也没有足够的权限推动地方政府债券的国际发行。

中国作为全球第一人口大国和第二大经济体，每一个省都相当于国际上一个中等规模的经济体。从经济体量和未来的发展空间来看，中国地方政府债券上升为全球安全资产是有充分潜力的。从推动人民币国际化的价值来看，地方政府债券的国际发行对于中国也是很有必要的。中国国债市场的规模远远小于美国。2015年，中国国债未清偿余额为11.19万亿元（合1.7万亿美元），而当年美国可以在二级市场流通的国债余额高达13.2万亿美元，中国国债市场规模只有美国可交易国债市场规模的12.9%。从公共债务管理的角度来看，中国未来的国债市场规模不宜达到美国的水平。因此，推动地方政府债券的国际发行，将国债和地方政府债券共同提升为全球安全资产，就成为解决我国国债规模偏小、促进人民币国际化的一种有效举措。2015年中国地方政府债券未清偿余额为5.2万亿元，加上公认的"准地方政府债券"——5.1万亿元城投债，总计10.3万亿元，已接近国债规模。伴随城镇化和基础设施投资的持续推进，中国地方政府债券（含城投债）的市场规模还会有所增加。因此，在推动人民币债券上升为全球安全资产的过程中，中国地方政府债券是不可忽略的重要组成部分。

地方政府债券的国际发行可以有两种模式：一是直接到离岸市场发行，二是在中国的在岸市场（如银行间市场）面向境外机构投资者发行。① 本书建议，近期应重点推动地方政府债券的离岸发行，因为这一模式的可操作性强，还能对人民币离岸金融中心建设起到直接的推动作用。近年来，由国债、金融机构债和企业债构成的点心债市场在各大人民币离岸中心的快速发展已经充分证明，点心债是拓展人民币回流机制、促进人民币国际化的有效的金融工具之一。事实上，所有在离岸市场发行的中国国债和大部分金融机构债、企业债，都获得了国际投资者的超额认购。② 2015年"8·11汇改"后点心债市场出现萎缩，但这只是短期现象。从中长期看，点心债市场的发展前景依然广阔。中国地方政府债券的信用评级略低于国债，而等于或者高于金融机构债和企业债。既然金融机构和企业可以在离岸市场发行点心债，地方政府就完全可以在离岸市场发行人民币债券。地方政府债券的离

---

① 目前在中国的银行间市场上，是有地方政府债券交易的，但是境外机构极少购买，其可能的原因是，地方政府债券的评级很少由国际评级机构完成，境外投资者对这些债券的信用风险难以评估。在中国国债和地方政府债券的比较中，境外投资者更愿意购买国债。

② 本书作者所在的研究团队近年来对香港、台湾、伦敦和巴黎等离岸人民币金融中心进行了调研，发现这些地区的政府部门和金融机构都希望中国政府扩大点心债的发行规模。

岸发行，将扩大离岸金融中心的人民币资产池规模，有助于人民币离岸金融中心的持续发展。当越来越多的国际投资者在离岸市场上接受了中国地方政府债券之后，我国境内金融市场上发行的地方政府债券就可以比较容易地得到境外机构投资者的认可，地方政府债券的国际发行就进入了常态化轨道。

中央政府需要积极推动地方政府债券的离岸发行。目前点心债的低成本融资优势逐渐消失，且离岸发行债券的复杂程度高于在岸发行，如果没有中央政府的推动，一般情况下，地方政府缺乏离岸发行债券的动力。建议中央政府选择广东、山东、浙江等经济强省，以及上海、深圳、杭州等经济强市，率先赴香港、伦敦、台湾、新加坡等地发行地方政府债券，试点成功后逐步推广到其他省市。

除了促进人民币国际化，我国中央和地方政府债券的国际化发行还将推动各级政府建立更加透明、规范和负责任的财政体制，这对于中国经济的稳健发展是非常有帮助的。中国的地方政府多年来都十分注重推动GDP增长，并且在过去三十多年取得了傲人的成绩。但是，在中国成为中等收入国家以后，随着地方政府债务的不断积累，必须建立更严格的地方政府财政和金融监管体系。债券市场的国际化为金融监管提供了行之有效的方法。一般来说，政府债券市场是投资者监督政府的工具，政府债券的国际购买背后折射出政府的国际信誉。中国想要实现本国货币和债券市场的国际化，就必须接受来自国际市场的监督。同时，中国可以利用这种国际市场的监督来提升自身监管的透明度，完善地方政府的财政和金融监管体系。

第三节 利用数字货币促进人民币国际化和全球跨境支付体系改革

伴随数字货币的快速发展，以国家信用为背书的法定数字货币，在推动人民币国际化和重塑全球跨境支付体系方面显示出极大潜力。目前各国央行都在积极探索数字货币体系的建设，中国央行也不例外。数字货币体系建设一方面将为人民币国际化提供重要的弯道超车机会，另一方面将可能通过改进全球跨境支付体系而大幅增强中国的金融安全。本书提出，可以基于法定数字货币和SDR建设新型全球跨境支付网络，将集中式体系和分布式系统相结合。一方面，这可以推动人民币国际化；另一方面，这不仅能够利用数字货币点对点的传输模式有效改善当前跨境支付耗时长、费用高的问题，而且将推动当前完全由发达国家掌控的高度中心化的全球跨境支付体系转变为更多发展中国家都能平等自由参与、适度中心化的灵活包容的体系。

一 当前全球跨境支付体系存在的问题

当前全球跨境支付体系以SWIFT和CHIPS为核心系统，二者均由传统发达国家特别是美国主导建立，发展中国家难有话语权。SWIFT（环球同业银行金融电讯协会）是跨境金融信息传输服务的全球领导者和标准制定者，构建了涵盖200多个国家和地区的金融通信网络，接入金融机构超过11000家。然而，作为一个全球性组织，SWIFT董事会的25名独立董事中仅有4人来自新兴经济体，其执行委员会的成员更是清一色来自欧美国家。CHIPS（纽约清算所银行同业支付系统）则是全球最大的私人部门美元资金传输系统，是所有私人部门美元跨境交易结算和清算的中枢神经。该机构由纽约清算所协会建立和经营，自然在美国的控制之下。

由发达国家主导的跨境支付体系竞争效率低下，也难以保障广大发展中国家的权益。由于几乎不存在竞争，现有的服务提供商很难有动力持续提升技术和服务水平，接入这些系统的金融机构也乐于坐享其成、索要高价。当前跨境支付服务不透明、价格高、耗时长的问题已经广受全球使用者诟病，也引起一些国际组织的关注。2009年，在G8的推动下，世界银行建立了"全球汇款工作组"以推动国际汇款市场提升效率和降低成本。从2010年开始，降低国际汇款费用也成为G20关注的议题，其还发起了"汇款发展行动"（Development Action for Remittances）。更为重要的，当前这种高度中心化的跨境支付体系大大限制了包括中国在内的发展中国家的金融主权。一旦被排除在跨境支付体系之外，一国将难以开展国际贸易、吸引外资等跨境经济活动，因此以美国为首的西方国家常常将此作为金融制裁手段。例如,乌克兰危机后,西方国家就曾威胁要将俄罗斯排除在 SWIFT 系统之外。

二 数字货币为跨境支付带来的机遇与挑战

以比特币为代表的数字货币近年来在跨境支付活动中发挥越来越重要的作用,甚至使全球跨境支付体系的改革成为可能。基于数字货币的跨境支付网络呈现"轮毂—轮轴"(hub-and-spoke)的模式。用户可以在国内通过销售终端、在线接口等方式(即轮轴),将本国的法定货币兑换为数字货币并储存在数字钱包中,然后通过数字货币的安全网络(即轮毂)跨境传输到海外收款人的数字钱包并以相同方式兑换为当地的法定货币。由于数字货币通常是基于分布式账本技术的代币,该技术能够确保交易具有可追溯性且不易被篡改。更为重要的是,其所支持的去中心化的交易模式使跨境支付效率得到极大提升,可从传统的 3~5 天缩短到 1 天之内;同时交易费用也大幅下降,从传统系统的 7.21% 可降至 1% 以下。

然而,游离于传统货币体系之外的数字货币也给跨境支付活动的监管带来挑战,特别是在反洗钱/反恐融资、消费者保护、税收和资本管制等方面。首先,采用加密技术的数字货币具有匿名性特征,难以追踪交易者身份,因此便于隐瞒和掩饰资金的非法来源或受制裁的目的地,从而为洗钱、恐怖主义融资等违法的跨境资金活动创造了便利。其次,作为近年才涌现的新型金融业务,许多相关的中介机构和服务提供商尚未被纳入监管网络，黑客攻击和诈骗活动时有发生，加上交易通常具有不可逆性，导致消费者的利益难以得到有效保护。再次，采取加密技术、点对点交易模式且跨境转移极为便利的数字货币，还成为逃税、漏税活动的重要工具。最后，由于数字货币的跨境流通总是绕过传统的跨境支付体系，因而为外汇管制和资本流动管理带来了困难。

上述挑战在很大程度上源于私人部门数字货币的去中心化特征，导致监管对象难以清晰界定。一旦数字货币由央行发行并统一监管，上述许多问题将便于解决。因此，当前各国央行正积极探索设立法定数字货币体系的一系列问题，譬如数字货币发行和业务运行框架、数字货币的关键技术、数字货币发行流通环境等。

中国央行也已较早地认识到由中央银行推动发行法定数字货币势在必然，而且这一体系的建立将为人民币国际化提供弯道超车的历史性机遇。目前人民币现钞的发行和回笼是基于现行"中央银行—商业银行机构"的二元体系来完成的。数字货币的发行与运行仍然应基于该二元体系完成，但货币的运送和保管发生了变化：运送方式从物理运送变为电子传送；保管方式从央行的发行库和银行机构的业务库变为储存数字货币的云计算空间。数字货币发行和回笼的安全程度、效率会得到极大提升。

在推动数字货币建设中，首先要解决的是技术障碍。虽然区块链技术目前被广泛认知，也被认为是最有前景的数字货币技术，区块链等分布式账本技术有潜力改善系统弹性,但仍不够成熟,不少央行评估显示它还无法支撑全球庞大的支付系统。正因如此,人民币要推出数字货币设计,在区块链技术之外,还应深入探索数字货币涉及的其他相关技术。

总体上,央行发行数字货币需遵循四个原则:一是要提供便利性和安全性;二是要做到保护隐私与维护社会秩序、打击违法犯罪行为的平衡,尤其针对洗钱、恐怖主义等犯罪行为要保留必要的遏制手段;三是要有利于货币政策的有效运行和传导;四是要保留货币主权的控制力,数字货币是自由可兑换的,这种可兑换是可控的。数字货币作为法定货币必须由央行来发行,数字货币的发行、流通和交易,都应遵循传统货币与数字货币一体化的思路,实施同样原则的管理。

三 法定数字货币重塑全球跨境支付体系的路径

本书认为,基于法定数字货币重建跨境支付体系可以通过三种路径。

第一种由国际货币基金组织(IMF)主导,所有成员国参与。IMF可以为特别提款权(SDR)加上数字货币的功能,并建立基于数字SDR的跨境支付体系。SDR是IMF于1969年创建的一种国际储备资产,但是长期以来国际认可度有限。如果将SDR设计成数字货币,其将进一步获得交易媒介的职能,从而发挥更广泛的作用。在这一体系下，所有 IMF 成员国都将被包含在基于数字 SDR 的多边网络中，一国在跨境支付时先将本币兑换为 SDR，通过数字 SDR 跨境传输后再兑换为外币。这一路径具有完备性和高效性的优点。一方面，由于 IMF 是一个由 189 个成员国组成的多边国际金融组织，而 SDR 的价值又由 5 种货币决定，该路径提供了一种令最多国家信服的方案。另一方面，IMF 可以选择在其平台上直接为成员国搭建从一国货币到另一国货币的跨境支付通道，这种方式将形成包含数以万计货币对的庞大网络，因此以 SDR 为媒介显然更为便捷和高效。不过，需要注意的是，即便上述网络可建成由 IMF 和各国央行共同参与的联盟链，IMF 仍将在体系中占据核心地位。而且该路径下不存在其他基于法定数字货币的系统与 IMF 主导系统相竞争，跨境支付服务使用者的选择仍然单一。因此，虽然该体系较当前高度依赖美元的跨境支付体系是重大进步，但是仍具有比较明显的"中心化"特征。

第二种是由个别国家主导，其他国家自愿参与的路径。一些具有金融实力的国家可基于自己的法定数字货币构建跨境支付体系，而其他国家可以根据自身的成本和收益来决定是否加入这些体系。该路径尤其适合构建区域性的跨境支付系统。例如，国家 A 和国家 B 分别是亚洲和欧洲具备雄厚经济实力和广泛金融联系的国家，他们愿意出资构建基于本国数字货币的跨境支付联盟体系，并邀请区域内外的其他国家参与。对于经济联系主要集中在亚洲的国家就可以选择加入由 A 主导的联盟链,而存在大量欧洲业务的亚洲国家则可以同时选择加入由 A 和 B 主导的体系。由此可见,这一路径具有公平性和竞争性的优点。一方面,所有国家都有机会建立基于自身数字货币的跨境支付体系,也都有自由选择加入更多不同的跨境支付网络。另一方面,更多国家参与构建跨境支付体系竞争,也有助于推动跨境支付领域的技术和服务持续提升。因此,从某种意义上讲,该路径下形成了一种更贴近"分布式"的跨境支付网络。

第三种是结合了上述两种体系的共存路径。在此路径下,IMF主导的体系和个别国家主导的体系交互存在,以满足全球、区域和双边等不同层次的跨境支付需求。由此,全球国家可以被分为三类。第一类是仅加入 IMF 主导体系的国家。比如,一些国家可能因为经济规模小,对外经济联系少,没有必要参与由其他国家主导的跨境支付体系。只要是 IMF 成员国,无论其在全球经济中占有多大份额,都可以通过数字 SDR 同全球任何国家开展跨境资金往来,而不会被排除在跨境支付体系之外。第二类国家既在IMF 构建的跨境支付体系中,又加入了一个或多个由其他国家主导的体系。这类国家可能因为对外经济联系比较广泛,参与多个体系能够为其国内用户进行跨境支付提供更多选择,使他们根据自身的需求确定最具效率、成本低廉的系统。第三类则是积极构建基于本国法定数字货币的跨境支付体系的国家。这类国家通常经济实力雄厚，对IMF主导的跨境支付体系而言既是使用者也是竞争者。他们的存在将直接驱使全球跨境支付体系不断完善，为服务和技术的持续升级做出贡献。可见，该路径下将最终形成一个开放、包容且富有活力的全球跨境支付体系，因此这是最为可行和最具韧性的路径。

四 数字货币全球跨境支付体系的监管

作为一种新兴事物，法定数字货币跨境支付体系在构建过程中的监管问题不容忽视。

首先，多边监管合作应由G20主导，IMF牵头执行。G20作为发达经济体和新兴经济体就全球议题进行磋商和协调的平台，理应在构建法定数字货币跨境支付体系及其监管框架的过程中发挥主导作用。而且自2010年以来，G20一直致力于降低跨境汇款费用，因此有动力推动全球跨境支付体系重塑。对于G20达成的成果，IMF应作为牵头机构并组织各国央行积极贯彻，例如，确定多边监管原则，明确各国在监管体系中的权力和义务；梳理基于法定数字货币开展跨境支付活动的各种风险，并出台风险导引；制定统一的标准体系，对一些监管指标提供建议和参考等。

其次，国家间应积极建立双边和区域的监管合作关系。如果两国或者区域内有基于法定数字货币开展跨境支付的联系，便应明确各自的管辖权。双方或者区域内各方可定期开展合作研究，以便掌握跨境资金流动的特征。一旦在此过程中发现有疑似逃脱税收义务或资本管制的可疑交易，双方或者区域内应通过信息共享机制及时沟通相关的用户数据和交易详情。针对洗钱、恐怖融资等违法的跨境资金活动，两国或者区域内则应建立联合调查和诉讼的合作机制。

最后，各国应加强国内对法定数字货币各环节的监管。各国央行应行使对法定数字货币的监管权力，并根据其发展情况制定灵活弹性、适时调整的监管政策。鉴于新型服务提供商涌现所导致的市场结构变化，央行应及时调整市场准入框架和审慎监管措施，并在新的体系中建立类似于存款保险制度的风控机制。由于法定数字货币体系下的服务呈现由依赖中介转为依托网络的趋势，监管措施应更侧重基于活动的监管（activity-based regulation）。为了防止匿名性规避监管的情况，央行应要求用户在开立账户时以实名注册，采取"后台实名、前台自愿"的交易原则。此外，央行还应对各类金融科技创新背后的算法和程序进行适度监管，以免用户信息被不当使用。

第五章
人民币国际化与中国金融安全：风险防范

第一节　资本账户有序开放与宏观审慎监管框架

进一步融入全球开放经济体系是中国经济向更高阶段迈进的必然路径。随着经济发展，国内经济主体对更自由的跨国金融交易和投资的需求越来越强烈。这也意味着资本账户开放将是一段时期内经济政策的一项重要内容。

当前中国面临的国际国内环境仍较复杂。国外方面，美联储先后加息，加大了中国资本外流的压力；同时中国国内金融市场还不够成熟，缺乏广度与深度。因此中国政府在有序推进资本账户开放的同时，应加强规范化的监管能力建设，建立健全风险防控体系和完善的宏观审慎体系。针对短期投机性资本流动加强金融监管；面对资本自由化可能带来的风险，政府应及时建立健全风险防控体系，全面监测资本跨境流动的信息；同时要建立完善的宏观审慎体系，宏观审慎政策工具作为稳定器可以有效合理地防范系统性缺陷。

一 资本账户开放的必然趋势

传统观点认为，资本自由流动可使全球资产配置优化，并帮助分散风险。资本账户开放可以给一国带来如下好处。第一，资本账户开放使得资源在全球范围内更加有效地配置，而对于资本项目兑换的管制限制了一国贸易的发展，损害了本国居民的福利。第二，资本账户开放有助于国家利用国际资本市场来抵御国内市场的波动冲击，分担投融资主体面临的风险，平滑生产力，实现更稳定的消费。第三，资本账户开放将外国机构和个人投资者引入国内金融市场，有利于外国技术和管理专门知识的转移，提高本国金融部门的竞争力，本国通过更大量的资本流入和流出达到更高程度的金融一体化。此外，资本账户开放为全球经济可持续发展提供了新的增长动力。

20世纪90年代亚洲金融危机爆发后，国际学界意识到资本账户开放带来的金融自由化与金融危机的爆发存在重要联系。资本账户开放后，跨境资本双向流动大幅加剧，客观上会增加发展中国家金融体系的脆弱性，降低其在应对发达经济体货币政策溢出效应时的政策有效性。而现实金融体系并非如理论假设那般有效率,在有的案例中,资本大规模的跨境流动不但没有消除资本流入与流出国之间收益率的差异,反而放大了发展中国家资产价格的波动性。

近年来学术界的理论研究也显示,国内资本市场开放对国内经济增长的促进作用非常微小,研究人员测算结果显示不会超过千分之五[1]。即便加入了更现实的假设条件,这一作用仍不可观。实证研究也支持这一理论判断,资本账户开放对经济增长和国家之间风险共担的促进作用也是微弱的。IMF的研究也发现,资本账户开放并没有对一个国家消费的平滑性或者经济增长起到显著的正面作用。后续研究也发现,资本账户开放在短时间内对经济增长起到显著的刺激作用,但从长期来看,这个促进作用会逐渐减弱。[2]

虽然在近年的学术研究中,资本账户开放对经济增长和风险共担并没有如早期设想那般具有显著的作用,但很多国家仍出于政治及经济治理上更广泛的目的将资本账户开放作为改革的目标之一。

第一,国际投资者作为"监督者"会促使国内金融和政治体

---

[1] Gourinchas, P. O. and Jeanne, O. (2006),"The Elusive Gains from International Financial Integration", *Review of Economic Studies*, *Oxford University Press*, 73 (3), 715–741.

[2] Kose, M. A., Prasad, E. and Terrones, M. (2007),"How Does Financial Globalization Affect Risk Sharing? Patterns and Channels?" IMF Working Paper, No. 2903.

制提高纪律性，因此资本账户开放被很多国家作为国内金融体制改革的推动器。直接改革国内金融体制，面临既得利益的巨大阻挠。而通过逐步推动资本账户开放，在引入外部竞争和约束的同时，将国内金融机构推向全球性舞台，一方面推动国内金融体制向更加透明、规范、公平的方向发展，另一方面也将锤炼本国金融体系与金融机构的竞争力。

第二，资本管制在长期之内会逐渐失效，套利的资本还会滋生很多影子银行和地下钱庄的活动。从长期来看，国际和国内套利资本的活动是很难被抑制的。如果在正常渠道被管制，这些活动就会转到地下，从而更难以监管。因此，从长期来看，资本账户的开放是一个国家选择开放发展路径后必然要经历的过程，而并不仅是一个可选项。

二 中国在资本账户开放上的政策路径

2008年国际金融危机以后，为推动人民币国际化，中国资本账户开放进程加快。在当时可兑换程度较低的背景下推进改革，资本账户开放的主要内容是减少对跨境资本交易和汇兑的限制，采取的方式则是渐进的、审慎可控的，体现为：先开放资本流入，再开放资本流出；先放开对中长期资本流动的管制，再放开对短期资本流动的管制；一级市场先于二级市场；债券类投资先于股权类和衍生品类；先试点推广再扩大范围。

目前，按照IMF《汇兑安排与汇兑限制年报》对资本项目交易的分类，在七大类40个资本项目交易中，对外直接投资ODI和外商来华直接投资FDI、大部分对外债权债务（如直接外债、跨境担保）等已实现基本可兑换，跨境证券投资资金也可以通过多种渠道进出中国。不可兑换项目仅剩3项，主要集中在非居民在境内发行股票、货币市场工具及衍生金融工具领域。中国资本账户的开放程度已经得到了相当程度的提高。

虽然相比发达经济体仍有不小的距离，但资本账户开放的目标并不是在所有项目上都实现完全可兑换，即便是发达经济体，出于本国利益的考虑，对少量资本项目也实施着一定程度的限制。从根本上看，资本账户的开放要适应本国经济与金融体系发展的需求，超出发展需求的过度约束或过度开放都会带来成本或风险。

目前我国在逐步推动资本账户开放的过程中，为防控风险更多采取的是数量型控制以及事前繁杂而不太透明的行政审批手续流程"掺沙子"的办法。在当前资本账户开放在法规文本上已达到相当水平时，应将重点放到建立宏观审慎管理新框架上来，逐步过渡到以市场化手段和事中事后管理手段为主、宏微观并重、本外币管理协调的体系。

宏观审慎管理的基本原则思路是从不同层面采取措施应对系统性风险，防止经济金融体系内形成失控的不良正反馈循环和跨市场风险传染，限制系统性风险头寸积累。在全球金融一体化与中国资本账户开放加深的背景下，跨境资本流动在特定条件下也会形成正反馈循环和跨部门风险传染。然而在当前的政策实践中，宏观审慎管理仍处于不断摸索与改进的阶段。在借鉴美国学者早期提出的"托宾税"思想后，各国政策制定者逐渐发展出无息准备金等"类托宾税"的系列工具。目前国际上针对资本流动的宏观审慎管理主要是通过征收额外税费（准备金）、延长汇兑时间、比例与总量限制等手段，尚未形成更为完整而成熟的做法。

我国目前正在探索宏观审慎管理新框架的建立。譬如，在外债管理方面，我国正在进行的多项试点改革，其基本思路是将微观个体的外债总量控制改为以资本或净资产为基础的比例自律，并研究通过逆周期参数等对该比例进行动态调整。在建立宏观审慎管理新框架的过程中，首先，应当加强监测和风险预评，包括监控非居民持有的人民币资产存量、波动及相对规模，监测是否出现大范围单边预期，监测居民持有的可兑换头寸等。其次，应当根据不同类型的资本流动采取不同措施，核心是阻断正反馈效应，不排除在危机时期启动应急熔断机制。最后，也是更长期的，应当进一步扩大境内金融市场的广度与深度，完善市场层次结构，推进市场参与者多样化，从而增强国内金融体系对跨境资本流动的承受能力。

三　处理好资本账户开放与更全面的金融改革的关系

在资本账户开放的过程中，一个重要的问题是如何处理好资本账户开放与其他金融改革之间的关系，最核心的是资本账户开放、汇率形成机制市场化改革，人民币利率市场化改革、金融市场建设等是按照一定的次序推进，还是协调推进。如果按照次序推进的话，前一改革环节需要完成到什么样的程度才可进入下一环节？如果是协调推进的话，如何协调？涉及的两种理论是否准确展示并考虑金融改革的关系与过程？

国内外学者对这一问题发生过激烈交锋。根据金融次序论，加快资本账户的开放需要"先内后外"、遵循固定次序，即先完成利率自由化和人民币汇率形成机制改革，国内金融市场基本实现对内开放后才能进行资本账户开放，否则国内金融体系可能孕育严重扭曲，并面临巨大风险。金融次序论的立论逻辑是"不可能三角"。如果在利率市场化和汇率形成机制改革完成前放开资本管制，跨境套利资本的大规模流动将加大经济波动，削弱货币政策效力。

而根据协调推进论，加快推进资本账户基本开放，不需要等待利率市场化、汇率形成机制改革完全成熟。该理论认为，"不可能三角"中的"三角"分别为资本完全自由流动（或完全管制）、固定汇率（或浮动汇率）和货币政策有效（或无效）。这些绝对状态并非常态。现实情况往往是资本不完全自由流动或不完全管制，汇率也并非完全固定或完全浮动，也就是存在中间状态。各国的金融改革与开放往往是一个循序渐进、协调配合、由中间状态逐渐向前推进的过程。

虽然两个理论表现得针锋相对，但它们在资本账户开放和金融改革的大目标上并没有差别，分歧主要落在对实际政策操作层面的判断：在一个特定的时点，应当优先推动哪一项改革？对这个问题，在经济学意义上的回答与考虑了改革动力的政治经济学意义上的回答的确并不完全一致。从经济学理论上看，无疑金融改革次序论在逻辑上更为自洽，而在实践中，金融改革次序论反对的是为资本账户开放而开放，同时拖延其他领域对于价格形成机制更为关键的金融改革。

从政治经济学意义上看，各项改革面临的政治阻力是非常不同的，另外各项改革之间不能完全切割开，它们之间往往存在有机联系。如果等待国内改革一项项完成，才进行资本账户开放，很有可能还在原地踏步。在现实条件具备的时候先局部推动一项改革，同时控制好局部改革的超前量，使之处于金融体系的风险承受范围，在形成改革的动能后，同时推动其他环节的改革。这样才会最终走出一条渐进改革的实际道路。

因此，处理好资本账户开放与更全面的金融改革的关系，其实也正是在操作上协调融合上述两种理论各自的合理性。后者在发挥操作指引的过程中，必须紧紧融合前者的理论指引，才有可能在较低风险的情况下完成多方面、多层次的改革。

第二节 国家资产负债表的管理

如第一章第三节所述，人民币国际化的发展过程将与经常账户及中国财政债务问题发生紧密的联系。而这二者又均可统一纳入国家资产负债表的视角。从这个更广阔的视角看，人民币国际化的具体路径会形成不同的国家资产负债表结构和风险，从而影响金融安全。因此，在人民币国际化的过程中，必须重视它对国家资产负债表的影响方式，积极管控国家资产负债表的风险，并争取形成更好的收益结构和抗风险能力。

国家资产负债表是一个存量概念，它反映一国政府、居民、企业、金融机构等所有经济部门的资产负债信息，衡量一个国家在某一时点资产负债总规模和结构以及国民财富的总体水平。在人民币国家化的发展进程中，中国金融和实体经济部门开放度加深拓宽，外国投资者和融资者将更深入而广泛地融入中国金融市场和实体经济这一发展过程中，中国总体面临的内生和外生风险将会显著上升。从全局层面入手对国家资产负债表进行积极的风险和收益管理显得格外重要。

在国家资产负债表中，可以主要识别四类金融风险，包括期限错配、货币错配、资本结构错配以及清偿力缺失。人民币国际化的进程与方式会通过不同渠道影响国家资产负债表中这四类风险的大小。

如前文所述，如果在维持贸易顺差的基础上实施货币输出，那么人民币的海外持有主要途径有两个。一是通过进出口贸易中人民币结算比率的差异，二是通过资本账户项下人民币以对外直接投资、对外贷款或者非居民在中国发行熊猫债等途径实现。如果是通过前一途径，即进口中人民币结算比率明显高于出口中这一比率，意味着进口使用美元结算更少，因此相对而言美元流入更多，将进一步加剧我国对外资产负债表上的货币错配。如果通过资本账户项下的途径，则不会直接产生货币错配的问题。

境外所持有的人民币除部分留存在离岸市场，支持人民币离岸金融贸易活动以外，大部分为追求收益很可能回流至国内金融市场。人民币纳入SDR后，境外投资者开始积极将人民币资产纳入其资产组合，这一趋势随着中国经济持续以中高速增长还将保持较长一段时间。中国金融市场能否吸纳好这一新增的人民币资产需求，换言之"用好这笔借款"，同时还能保持系统稳定性和抗风险能力，取决于两大要素。第一取决于及时有效的宏观审慎监管与金融监管。即便是美国这样发达的金融市场，仍然爆发了次贷危机。次贷危机从根本上而言就是一个没有"用好外部借款"的故事。第二取决于中国金融市场配置资源的效率或市场的深度和广度。

其中要特别强调的是包括国债在内的债券市场的建设。功能完善、开放的金融市场依赖于一个高流动性和透明度的债券市场，这将大大改善中国国家资产负债表的资本结构错配风险，同时也会改善货币政策的利率传导渠道。中国国债在成为全球安全资产的过程中有巨大的发展空间，但当前国债二级市场流动性仍显不足，风险管理手段缺乏。需要通过建立更为规范严格的发行和再发行计划、活跃的定期回购市场、国债期货市场、更市场友好的监管会计及税收体系，来进一步促进中国国债市场的发展，以此形成具有市场可信度的基准收益率曲线。

因此，人民币国际化打通国内外金融市场后，管理国家资产负债表不仅仅是识别风险，更基本的是要建设好国内金融市场并完善金融产品市场定价机制，这样才能让金融市场更准确地对风险定价，更迅速地纠正错误定价。

第六章　结语

通过全书的分析可以看出，人民币国际化对于中国金融安全的影响是多方面的，既能在总体上提升中国的金融安全，又能在某些领域对金融安全产生一定的负面影响。其中，人民币国际化对于提升中国的积极金融安全（即通过消除或者制衡威胁来实现金融安全），具有十分显著而且确定的作用。

从某种意义上讲，人民币国际化的过程就是中国金融和经济体系不断减少对于由美元主导的国际金融体系的过度依赖，不论是在国际贸易、国际投资这样的实体经济领域，还是在对外融资和金融资产交易这样的金融领域，均是如此。一方面，中国在国际层面受到的金融威胁，较大程度上来自由美元主导的国际金融体系。事实上，以美元为主导的现行国际货币金融体系，受到特里芬两难的困扰，其内在脆弱性是显著的，2008年金融危机的爆发就是明证。因此，通过人民币国际化而减少对美元主导的货币金融体系的过度依赖，既可以减少现行国际金融体系内在脆弱性对中国产生的外部冲击，又可以大幅降低美国借助美元霸权可能对中国实施的金融制裁威胁，而这两者均是在提升中国的积极金融安全。另一方面，美国经济的稳定与发展在一定程度上得益于美元主导的国际金融体系，后者使得美国能够低成本地从外部融资，以维持自身的"双赤字"。如果人民币国际化取得成功，人民币能够在国际储备中占到较大比重，则美国低成本获得外部融资的能力将受到显著影响，中国将对美国产生有效的金融制衡，从而提升中国的积极金融安全能力。

特别需要指出的是，中国改革开放的进程，也是大大得力于现行国际金融体系。人民币国际化的过程，并不是让中国脱离现行国际金融体系，也不是让人民币取代美元，而是对现行国际金融体系的改进，是为全球金融稳定提供新的公共产品。正如《总体国家安全观干部读本》所言，维护中国的经济安全要"处理好维护国内发展安全和国际合作竞争博弈的关系"，"要把维护经济安全和加强国际合作有机结合起来，既要有效防范外部冲击……又要充分把握国际合作的机会，通过加强国际合作，实现开放、发展、安全的共赢"。"既重视自身安全，也重视共同安全"，这是我国实现总体国家安全的指导思想，也是通过人民币国际化促进金融安全的目标。①

不容否认，在人民币国际化的进程中，以及未来实现人民币国

---

① 《总体国家安全观干部读本》编委会：《总体国家安全观干部读本》，人民出版社，2016。

际化之后，货币国际化及由此带来的金融体系充分开放会产生新的威胁金融安全的因素，或者自身金融体系的局部稳定性有所减弱，这是人民币国际化对金融安全（包括积极金融安全和消极金融安全）的潜在负面影响。对于资本账户开放与国家资产负债表管理而言，我国需要通过加强宏观审慎监管和全面深入推进市场化改革来应对风险。

  如果仅从经济视角来考察，货币国际化对一国金融安全的影响具有相当大的复杂性和不确定性，难以进行准确的定量描述，难以形成清晰一致的共识。但是，当我们从国际政治经济学的视角来考察，从维护国家政治安全和金融主权以及参与全球金融治理的视角来看待，人民币国际化对于增强中国金融安全乃至提升中国参与全球金融治理能力的价值则是十分明确的——这是本书研究的最终结论。

图书在版编目(CIP)数据

人民币国际化与中国金融安全/刘东民等著.——北京：社会科学文献出版社，2018.10
ISBN 978-7-5201-3199-5

Ⅰ.①人… Ⅱ.①刘… Ⅲ.①人民币-金融国际化-关系-金融风险-风险管理-研究-中国 Ⅳ.①F822；F832.1

中国版本图书馆CIP数据核字（2018）第174329号

人民币国际化与中国金融安全

著　　者／刘东民　宋　爽　李远芳　李雪莲　等

出　版　人／谢寿光
项目统筹／史晓琳
责任编辑／史晓琳

出　　版／社会科学文献出版社·国际出版分社（010）59367243
　　　　　地址：北京市北三环中路甲29号院华龙大厦　邮编：100029
　　　　　网址：www.ssap.com.cn

发　　行／市场营销中心（010）59367081　59367018

印　　装／三河市龙林印务有限公司

规　　格／开　本：787mm×1092mm　1/16
　　　　　印　张：13.75　字　数：150千字

版　　次／2018年10月第1版　2018年10月第1次印刷

书　　号／ISBN 978-7-5201-3199-5

定　　价／89.00元

本书如有印装质量问题，请与读者服务中心（010-59367028）联系

▲ 版权所有 翻印必究